Andrea Nagl

Mit Würde Abschied nehmen

Andrea Nagl

Mit Würde Abschied nehmen

Trauerfeiern ohne Kirche

Anregungen und Ideen für Aufbahrung,
Trauerfeier, Grablegung und Gedenkfeiern

Kreuz

Dank

Abschied und Trauer sind sehr individuelle Erfahrungen. Dieses Buch fußt auf den Erfahrungen vieler. Ihnen allen danke ich für die Hilfe und die Gespräche, namentlich Ute Freudenberger, Gerhard Grünwald, Erhardt Lichtenthäler, Wolfgang Mayer, Monika Nagl, Sieglinde Sandmair, Miriam Schmidt, Uschi Schmid, Ruthmarijke Smeding, Irene Wiesenbart und Helmut Stempel.
Besonders danke ich:
Toni Hanrieder, Bestatter in Dachau
Barbara Konarkowski, Training und Coaching erfolg-reicher
Norbert Kugler, Diakon und Leiter der Kontaktstelle Trauerbegleitung der Diözese Augsburg
Irene Löffler, Theologin, Leiterin der Arbeitsgemeinschaft Frauenseelsorge Bayern

Inhalt

Vorwort

Wenn ein naher Angehöriger stirbt, wird die Bestattung oft ganz von Kirche und Bestattungsunternehmen erledigt. Nach perfekt ablaufenden Begräbnissen kommen dann Aussagen wie: »Irgendwie war alles so – ja ich weiß auch nicht. Die Ansprache hat nicht gepasst, dieses salbungsvolle Getue und dann am Grab, da stand der Sarg so verlassen und wir gingen weg. Also bei mir soll das mal anders sein.« Anders, aber wie?

Mit diesem Buch will ich das Bewusstsein für die besondere Zeit nach dem Tod wecken und Sie dazu ermutigen, Aufbahrung, Trauerfeier und Begräbnis nach *Ihren* Bedürfnissen zu gestalten, wie auch immer diese aussehen. Die »perfekte« Aufbahrung, die »ideale« Trauerfeier oder die »richtige« Bestattung gibt es nicht. Wann, wo, mit wem und wie Sie Abschied nehmen, das sollte sich nach den engsten Angehörigen und/ oder Freunden richten.

Der Schwerpunkt des Buches liegt auf Trauerfeiern ohne Pfarrer und Kirche. Das enthält keinerlei Wertung: Im Angesicht von Sterben und Tod findet mancher Stütze in einer Religion, mit der er glaubte, längst abgeschlossen zu haben. Ideen und Elemente aus diesem Buch können in einen Trauergottesdienst eingebunden werden.

Mit den zahlreichen Anregungen dieses Buches können Sie einen kleinen Abschied unter Freunden ebenso wie eine umfangreiche Trauerfeier selbst gestalten. Die Beschreibungen sind detailliert und praxisnah. Aber dies ist kein Leitfaden zur perfekten Abschiedsbewältigung. Nur Sie selbst können sich damit auseinander setzen und entscheiden, was Ihnen gut tut.

Auch eine gelungene Trauerfeier schützt nicht vor Trauer und Schmerz: Sie macht »nur« das Geschehen bewusst und gibt den Betroffenen Halt im Kreis der Mitfeiernden.

Andrea Nagl

Einleitung

Ein Wort zuvor:

Die Kapitel dieses Buch sind chronologisch aufgebaut – wobei es keine allgemeingültige Chronologie für Trauerfeiern gibt. Sicher wird eine Aufbahrung vor der Grablegung stattfinden, aber womöglich feiern Sie Ihre Trauer erst lange nach der Bestattung und können den Verstorbenen gar nicht mehr einbeziehen.

Auch innerhalb einer Trauerfeier haben Sie große Freiheiten, verbindlich ist wohl nur, dass es eine Begrüßung und eine Verabschiedung geben sollte. Betrachten Sie das Buch als Baukasten, aus dem Sie ein oder mehrere Elemente nach Ihren Vorstellungen zusammensetzen können.

Die Kapitel- und Abschnittsüberschriften sind bewusst sachlich formuliert: So können Sie das Inhaltsverzeichnis bereits als eine Art Checkliste verwenden, welche Elemente Sie persönlich ansprechen.

Konkrete praktische Tipps zur Durchführung der Feier sind am Rand des Textes mit einem Balken gekennzeichnet. Ich betone hier ausdrücklich, dass die perfekteste praktische Durchführung nicht eine gelungene Trauerfeier garantiert. Entscheidend ist der persönliche Bezug, die Möglichkeit für die Trauernden, sich in den angebotenen Formen und Inhalten wiederzufinden. Das »funktioniert« auch nicht nach dem Motto »viel hilft viel«: Ein kleines persönliches Element in einer traditionellen Andacht ermöglicht gegebenenfalls mehr Verbindung als ein zwar durchdachter, aber fremder ritueller Ablauf.

Mustertexte, Zitate und literarische Texte sind *kursiv* gedruckt. Diese Anregungen dürfen für private Trauerfeiern genutzt und beliebig verändert werden.

Der besseren Lesbarkeit wegen habe ich auf männliche/

weibliche Alternativformulierungen verzichtet und die allgemein verbreitete männliche Form gewählt. Wenn von *dem* Verstorbenen die Rede ist, ist immer auch *die* Verstorbene gemeint, bei Gruppenbezeichnungen wie Freunde, Seelsorger oder Bestatter sind immer auch die Frauen, Freundinnen, Seelsorgerinnen, Bestatterinnen mit eingeschlossen.

Gemeinsame Wege finden

Trauer und Abschied werden von jedem Menschen anders erlebt und gelebt. Diese Individualität ist wichtig, doch sollte sie nicht mit dem individuellen Egoismus verwechselt werden, der sich in unserer Gesellschaft derzeit ausbreitet. Im Trauerfall kann dieser Individualismus zur selbstzerstörerischen Einsamkeit werden. Der Mensch ist zweifellos ein Wesen, das die Gemeinschaft braucht. Gemeinsam erlebte Feiern und Rituale können helfen, den Verlust und die Trauer leichter zu tragen.

Wenn Sie nach der persönlich passenden Form suchen, sollten Sie nicht vergessen, dass neben Ihnen andere Menschen trauern. Respektieren Sie die andere Trauer und lassen Sie den anderen Trauernden Raum.

Das kann zu Konflikten führen: Gerade bei Verstorbenen, die ein so genanntes »modernes« Leben führten, das heißt: ein anderes Leben als das, was sie zu Hause vorgelebt bekamen, herrschen im Freundeskreis oft andere Vorstellungen als in der Familie. Die einen wünschen einen klassischen Trauergottesdienst, die anderen ein Zeremoniell ohne Pfarrer und Beten. Bemühen Sie sich, Ihre Energien nicht in Streitereien aufzureiben, sondern einen für alle gangbaren Weg des »sowohl als auch« zu finden: Ist nach der Aussegnung durch den Priester Raum für einen Abschiedskreis? Welches persönliche Element passt in den Trauergottesdienst? Ist der Geistliche bereit, eine Trauerfeier an einem besonderen Ort zu zelebrieren? Suchen Sie das Verbindende, nicht das Trennende. Den Weg weist der Verstorbene.

Notwendige Formalitäten

Nach dem Tod eines nahen Angehörigen ist eine Menge zu organisieren. Der Zwang zum Organisieren betäubt manchen Trauernden geradezu, und emotionale Bedürfnisse werden aus schierer Notwendigkeit verdrängt: Behördengänge, Telefonate mit Banken und Versicherungen, Besprechungen mit Bestatter, Trauerredner und Musiker, Informationen an Freunde, Verwandte, Bekannte.

Dieses Buch ist *kein* Organisations-Leitfaden für die Tage nach dem Tod. Deshalb hier nur kurz einige Stichworte, was Sie auf jeden Fall erledigen müssen:

- Arzt benachrichtigen, falls der Tod zu Hause eingetreten ist
- Todesbescheinigung vom Arzt/Krankenhaus
- Nahe Angehörige und Freunde verständigen
- Wichtige Unterlagen zusammensuchen: Testament, Personalausweis, Geburts- und gegebenenfalls Heiratsurkunde, falls vorhanden, Vorsorgevertrag mit einem Bestatter
- Sterbeurkunde beim Standesamt
- Bestatter kontaktieren, auswählen, beauftragen
- Lebensversicherung, Krankenkasse und andere Träger, die Sterbegeld leisten, benachrichtigen
- Aufbahrung und Bestattungsart festlegen

Einen ausführlichen Ratgeber über alle finanziellen, rechtlichen und organisatorischen Dinge hat Detlef Pohl geschrieben: »Was tun im Trauerfall?«

Trauer ist normal

Es gibt sehr viel Literatur über Trauer, über die Probleme der Trauer, ja es ist sogar eine Tendenz zu beobachten, die Trauer zu einem psychologischen Problem zu machen. Deshalb hier ganz deutlich die Feststellung: Trauer ist normal. Trauer ist lebensnotwendig, überlebensnotwendig. Wir trauern in unserem Leben nicht nur um Verstorbene: Wir können auch um einen Freund trauern, der sich von uns abgewandt hat; um einen Partner, der uns verlassen hat; um ein Ding, das wir verloren haben; um eine Idee, ein Ideal, das wir aufgeben mussten.

Trauer ist das Gefühl, ist der Vorgang, der sich in uns abspielt, wenn wir von etwas Abschied nehmen müssen.

Abschied muss man *nehmen*, Betonung auf »nehmen« als einer aktiven, bewussten Tätigkeit. Die Aktivitäten vor und während der Trauerfeier sind Hilfen zum Abschied nehmen. Rituale, eine festgelegte äußere Form und die Gemeinschaft können im Chaos der ersten Trauer Halt geben.

Was vielen fehlt, ist der Abschied, der »geglückte Abschied«, wie ein engagierter Bestatter es formuliert: »Wenn es uns Bestattern gelingt, dass wir mit den Trauernden einen geglückten Abschied zelebrieren, dann haben wir später weniger Probleme mit unbewältigter Trauer.« Bestatter mit einem solchen Bewusstsein sind heute noch die Minderheit, aber immerhin eine wachsende Minderheit. Es wächst das Bewusstsein, dass der Abschied vom Verstorbenen einer feierlichen und zugleich persönlichen Form bedarf, einer Form, die den Angehörigen hilft, sie trägt, hält und begleitet während der letzten Schritte mit dem Verstorbenen.

Das macht den Verlust nicht leichter, im Gegenteil: Abschied ist das Anerkennen einer harten, endgültigen Realität. Mit dem Tod kann man nicht handeln, und er ist nicht reversibel. Der Tod ist endgültig, es gibt keinen Kompromiss und keine Alternative.

Manche Trauernden verlieren sich in der Erinnerung. Erinnerung ist wichtig und schön, sie bleibt, aber sie darf nicht das allein Bestimmende im Leben werden. Menschen, die nur noch in der Vergangenheit leben, als alles so viel schöner war, verweigern die Anerkenntnis des Todes, sie ignorieren ihn und leben in einer Scheinwelt. Das kann zu Depressionen führen. In solchen Fällen sollte ein Therapeut zugezogen werden.

Die Aufbahrung

Die Zeit bis zur Beerdigung oder Einäscherung ist eine besondere Zeit, denn noch weilt der Verstorbene unter den Lebenden. In afrikanischen Totenbräuchen geht das so weit, dass man für ihn auch den Tisch deckt oder ihm einen Stuhl bereitstellt, damit er den Totentänzen und Ritualen beiwohnen kann. Erst mit der Bestattung ist alles Begreifbare verschwunden.

Offene Aufbahrung

Bei uns ist es unüblich geworden, am offenen Sarg Abschied zu nehmen, den Verstorbenen noch einmal zu berühren, ihn auf die Stirn zu küssen. Nur fünf bis zehn Prozent der Verstorbenen werden offen aufgebahrt, und die Zahl ist rückläufig. Auch die Praxis, in einer zunehmend zersprengten Gesellschaft den Sarg kurz vor der Beerdigung für die von außerhalb angereisten Trauergäste noch einmal zu öffnen, gerät zunehmend in Vergessenheit.

Ich bin eine Befürworterin der offenen Aufbahrung: Das Verbergen der Toten erschwert den Abschied und unterstützt das Dahinleben in einer Gesellschaft, die von Konsum, äußeren Reizen und vermeintlich schönem Schein geprägt ist. Das Verschwinden der Verstorbenen ist ein Teil der allgemeinen Verdrängung des Todes in unserer Gesellschaft.

Menschen, die dennoch eine offene Aufbahrung gewagt haben, berichten oft, dass die Stunden mit dem Verstorbenen noch einmal große Nähe vermitteln und Kraft geben für den Abschied. Am offenen Sarg haben sie mit dem Angehörigen gesprochen, Erinnerungen ausgetauscht, Wut abgelassen und Schuldgefühle abgelegt, kurz: ihren Frieden mit ihm gemacht. Verwandte und Bekannte begegnen der offenen Aufbahrung oft skeptisch. Wenn die ersten Besucher aber ihre Erfahrungen gemacht haben, spricht es sich zum Teil wie ein Lauffeuer herum, dass der Besuch beim Verstorbenen »gar nicht so schlimm« sei, im Gegenteil.

Ihr kauft und verkauft Tod,
aber ihr verleugnet ihn;
ihr wollt ihm nicht ins Gesicht sehen.

Ihr habt den Tod steril gemacht,
unter den Teppich gekehrt,
ihn seiner Würde beraubt.
Wir Indianer jedoch denken noch an den Tod,
denken viel über ihn nach.

Auch ich tue es.

Heute wäre ein guter Tag zum Sterben –
nicht zu heiß,
nicht zu kalt –
ein Tag, an dem etwas von mir zurückbleiben könnte,
um noch ein wenig hier zu verweilen.

Ein vollkommener Tag für einen Menschen,
der an das Ende seines Weges kommt.

Für einen Menschen,
der glücklich ist
und viele Freunde hat.
Worte des Indianers Lame Deer

Es kann wichtig und hilfreich sein, dem Verstorbenen ins Gesicht zu schauen, denn das Angesicht des Todes macht den Tod begreifbar, und das ist der erste Schritt zum Abschied.

Professionelle Trauerbegleiter raten meist dazu, dass Angehörige und Freunde, wenn möglich, den aufgebahrten Verstorbenen besuchen und persönlich von ihm Abschied nehmen sollten. Sozialarbeiter, Psychologen und Seelsorger erleben immer öfter, wie Menschen in der Trauer versteinern, das Endgültige nicht begreifen können und es bereuen, den Verstorbenen nicht mehr angeschaut zu haben.

»Ich war bei meinem Vater, als er starb, und blieb danach noch eine halbe Stunde bei ihm. Ich spürte, wie das Leben Stück für Stück aus ihm entwich. Dann ging ich weg, um verschiedene Dinge zu organisieren. Als ich zwei Stunden später wiederkam, hatte er sich total verändert. Er war richtig tot, da war kein Rest von Leben mehr.«

In den ersten Stunden und Tagen nach dem Tod verändert sich der Verstorbene massiv. Wer diese Veränderung sichtbar miterlebt, kann sich selbst nicht belügen. Die Wahrheit schmerzt, aber dieser Schmerz ist unausweichlich.

Bei der offenen Aufbahrung geht es nicht nur um das Sehen, auch fühlen sollte man den Verstorbenen: Das Berühren der kalten Haut lässt die unausweichliche Wahrheit begreifen.

Auch der Leichengeruch ist eine wichtige Erfahrung, die leider stark tabuisiert wird. Der Geruch ist ungefährlich – haben Sie keine Scheu.

Leichenkosmetik

Die offene Aufbahrung erlaubt also eine letzte und größtmögliche Nähe zum Verstorbenen und vermittelt die körperliche Veränderung. Die Frage ist, ob man diese Veränderung zulässt.

In Amerika werden Verstorbene meist so behandelt, dass sie »schön« aussehen und sich in der Aufbahrungszeit nicht mehr verändern. Kritiker bemängeln, dass das bis zur Unkenntlichkeit geht, dass 80-Jährige plötzlich aussehen wie ihre Enkel.

Die Entscheidung für ein solches Einbalsamieren nach modernsten wissenschaftlichen und kosmetischen Erkenntnissen fällt – wenn nicht der Verstorbene etwas festgelegt hat – der nächste Hinterbliebene, der übrigens auch Bestattungsart und Trauerfeier bestimmen kann. Zuständig sind dafür die Thanatologen, auch Thanatopraktiker genannt. Sie sorgen für einen schönen und ein bis zwei Wochen lang unveränderten Anblick. Thanatologie ist kein anerkannter Ausbildungsberuf, aber es gibt einen Verband, der eine Ausbildung anbietet und bestimmte Qualitätsmaßstäbe vorgibt (www.thanatologen.de). Thanatologen können Sie über den Bestatter beauftragen, große Bestattungsinstitute beschäftigen zum Teil eigene Spezialisten. Eine einfachere Form ist das »Leichen schminken« durch Mitarbeiter des Bestattungsinstituts. Bei Unfalltoten mit starken Gesichtsverletzungen kann es ratsam sein, einen Thanatologen hinzuzuziehen. Denn auch wenn der Verstorbene nicht mehr »schön« ist, zum Beispiel nach Selbstmord oder Totgeburt, sollten die Angehörigen ihren Verstorbenen noch einmal sehen. Dazu ist natürlich ein geschützter Aufbahrungsraum erforderlich und in der Regel eine Begleitung durch Freunde oder professionelle Kräfte.

Aufbahrungs- und Abschiedsraum

Die übliche Aufbahrung auf Friedhöfen ist in der Regel für eine offene Aufbahrung und einen individuellen Abschied ungeeignet. Meist stehen nur kleine Kammern zur Verfügung, ausreichend große, abgeschlossene Räume, wo sich eine Familie treffen kann, sind selten. Zudem sind die Aufbahrungsräumlichkeiten oft nur wenige Stunden am Tag zugänglich. In der Nacht, der Zeit der traditionellen Totenwache, sind die Räumlichkeiten überall verschlossen.

»Kühlen« Aufbahrungsräumlichkeiten aus Stahlbeton können Sie eine gewisse Wärme und individuelle Note verleihen, indem Sie Blumen aufstellen, die Wände mit Tüchern verhängen oder einen Baldachin über dem Sarg errichten. Ein solcher Baldachin ist mit Bambusstäben und Seidentüchern schnell und leicht zu bauen.

Doch wo findet man geeignete Aufbahrungsräume?

Für Angehörige, die in der Klinik gestorben sind, steht womöglich dort ein Aufbahrungsraum zur Verfügung. Immer mehr Kliniken richten ein Abschiedszimmer oder einen Abschiedsraum ein, in dem der Verstorbene ein bis zwei Tage aufgebahrt werden kann. Bei Bestattern wächst ebenfalls das Bewusstsein für die Bedeutung der Aufbahrung, und sie machen vermehrt entsprechende Angebote. Viele von ihnen bemühen sich, die Aufbahrungsräume so gut wie möglich zugänglich zu halten. Das Optimum ist die Zugänglichkeit rund um die Uhr, möglichst mit einem Ansprechpartner vor Ort, der befähigt ist, verschiedenste Hilfestellungen zu geben. Außerdem sind die

Aufbahrungsräume oft mit einem für die Trauerfeier geeigneten Raum verbunden.

Bayern ist das einzige deutsche Bundesland, das es Bestattern nicht erlaubt, Verstorbene außerhalb des Friedhofs aufzubahren. Dafür schreibt Bayern keine Frist vor, bis wann der Verstorbene in die Leichenhalle überführt werden muss. Die Aufbahrung zu Hause ist also mehrere Tage lang möglich.

Aufbahrung zu Hause

Weithin unbekannt ist, dass es in den meisten deutschen Bundesländern erlaubt ist, den Verstorbenen bis zu 36 Stunden zu Hause aufzubahren, selbst wenn der Tod in einer Klinik oder einem Heim eintrat. In Österreich ist die Hausaufbahrung nur regional erlaubt und ebenso unüblich geworden. In der Schweiz scheint sie noch verbreiteter zu sein, und in manchen Kantonen ist es möglich, den Verstorbenen von zu Hause aus zu bestatten. Die Liste der Aufbahrungs- und Bestattungsfristen in Deutschland finden Sie im Anhang auf Seite 158.

Bis in die Mitte des 20. Jahrhunderts war die Aufbahrung zu Hause der Regelfall. Der unschätzbare Vorteil: Die Angehörigen und Freunde können in vertrauter Umgebung ihrer Trauer und ihrem Schmerz freien Lauf lassen. Sie können nach und nach das Unfassbare begreifen, können weggehen und wiederkommen, wie es ihrem Gefühl entspricht, und sich allmählich an den Verstorbenen heranwagen, sehen, spüren und riechen. Zu Hause hat dafür jeder seine Zeit, die Zeit, die er braucht, um den Tod zu akzeptieren.

Wer eine Aufbahrung zu Hause wünscht, sollte sich vom Bestatter beraten lassen – aber lassen Sie sich dabei Ihren Wunsch nicht ausreden, denn manche Bestattungsfirmen scheuen den Mehraufwand.

Zu Hause sollte ein separater Raum für die Aufbahrung vorhanden sein, den Sie in diesen Tagen möglichst nicht lüften und nicht heizen, im Sommer möglichst kühlen, damit die Verwesung nicht zu schnell eintritt. Die Aufbahrung zu Hause lässt Ihnen auch die Zeit, sich in Ruhe nach dem Bestatter Ihrer Wahl umzusehen.

Totenwaschung und Einkleidung

Der Umgang mit der Leiche ist das vermutlich größte Tabu im insgesamt tabuisierten Bereich Sterben, Tod und Trauer. Die Journalistin Carmen Thomas hat sich damit ausführlich in ihrem Buch »Berührungsängste« auseinandergesetzt. Neben viel Wissenswertem, zum Beispiel der Information, dass es »Leichengift« einfach nicht gibt, ermuntert sie ausdrücklich dazu, den Verstorbenen nicht nur zu berühren, sondern auch die letzten Versorgungen vorzunehmen oder zumindest dabei mitzuhelfen.

Die Totenwaschung wird bei Menschen, die im Krankenhaus oder im Heim gestorben sind, von den Schwestern durchgeführt, ansonsten vom Bestatter. Die Teilnahme daran wird in aller Regel nicht angeboten, ist aber möglich. Wenn der Verstorbene vorher lange krank war, kann diese letzte Waschung für pflegende Angehörige eine starke Bedeutung und Kraft entwickeln und annähernd rituellen Charakter annehmen.

Auch bei der Einkleidung des Verstorbenen können Sie mithelfen oder ihn selbst und ohne professionelle Hilfe anziehen.

Davor steht die Entscheidung: Was trägt der Verstorbene? In der Regel ist es festliche Kleidung, aber denken Sie mit engen Freunden und Angehörigen darüber nach, ob es nicht ein anderes Gewand gibt, das dem Verstorbenen mehr entspricht, in dem er sich immer wohl gefühlt hat.

Das Einbetten in den Sarg ist ein weiterer Schritt bei der Versorgung des Verstorbenen, den Sie allein oder mit Hilfe des Bestatters tun können. Die Aufbahrung bekommt einen persönlichen Stil, wenn Sie ein Tuch oder eine Decke aus dem Besitz des Verstorbenen als Sargdecke auswählen.

Totenwache

Die Totenwache ist ein Jahrtausende alter und weltweit verbreiteter Brauch, der je nach kulturellem Hintergrund der Bannung von Geistern oder dem Beistand der Betroffenen gewidmet war.

Auch in unserer modernen Zeit erfüllt die Totenwache einen tiefen Sinn: Während des Tages ist alle Welt beschäftigt, auch die unmittelbar von Trauer Betroffenen müssen organisieren, planen, Behördengänge erledigen. Dann kommen die ersten Nächte und mit ihnen die Schlaflosigkeit, das Grübeln, der Schmerz und die Einsamkeit: Das ist die Zeit für Gespräche und Erinnerungen, für das Blättern in Fotoalben und Gedichtbänden, für Weinen und vielleicht auch manchmal Lachen.

Manche Hinterbliebenen haben das Gefühl, dass sie den Verstorbenen in diesen ersten zwei bis drei Tagen nicht allein lassen dürfen, und verabreden mit Freunden und Verwandten, dass immer mindestens einer beim Verstorbenen wacht. So werden Totenbett und Aufbahrungszimmer zum Treffpunkt für alle, die dem Lebenden verbunden waren.

Hier können Sie auch verabreden, wie Sie die Trauerfeier und den Abschied gestalten wollen und die Verteilung der Aufgaben regeln.

Fotos und Totenmaske

In unserer Kultur wird viel fotografiert und gefilmt. Schon das erste neue Leben hält der Ultraschall fest, und die Eltern zeigen erfreut das Bild herum. Im krassen Gegensatz dazu steht der Umgang mit dem Ende des Lebens: Warum werden nicht die letzten Tage, die letzten Begegnungen am Totenbett, im Sarg festgehalten? Warum filmt niemand die Trauerzeremonie? Eine schöne Abschiedsfeier kann beim späteren Betrachten auch etwas Tröstendes enthalten, das man unter dem unmittelbaren Eindruck des Todes so nicht wahrnehmen konnte. Ein Foto vom Verstorbenen kann Angehörigen und Freunden geschenkt werden, die keine Gelegenheit hatten, den Verstorbenen noch mit eigenen Augen zu sehen.

Als Gegenargument kommt häufig der Satz: »Ich will ihn so in Erinnerung behalten, wie er zu Lebzeiten war.« Aus diesem Satz sprechen Angst vor dem Tod und Verdrängen. Minuten oder Stunden mit dem Verstorbenen werden nicht Jahre aus der Erinnerung streichen. Aber sie runden dieses Leben ab.

Von Menschen, die nach langem Leiden und Krankheit verstorben sind, wird oft berichtet, dass sich die Züge in den Stunden nach dem Tod entspannt haben und dass er wieder aussah »wie vor der Krankheit«.

Berührende Porträts von Verstorbenen machte der Fotograf Rudolf Schäfer und veröffentlichte sie in seinem Buch »Der ewige Schlaf«. Nehmen Sie es als Anregung und überlegen Sie, ob Sie selbst Fotos vom Verstorbenen machen oder einen Fotografen damit beauftragen wollen.

Eine Tradition, die uns allenfalls von berühmten Männern und Frauen in Erinnerung ist, sind Totenmasken: Gipsmasken, die von einem Negativ geformt werden, das vom Gesicht des Verstorbenen abgenommen wird. Der rein technische Vorgang ist einfach: Im Kunstunterricht und in Kunstkursen wird das Abformen des eigenen Gesichtes durchgeführt, um den Umgang mit Gips, mit Negativ- und Positiv-Form zu vermitteln.

Engagierte Bestatter bieten das Anfertigen von Totenmasken an. Wenn Sie das wünschen und Ihr Bestatter nicht darauf eingerichtet ist, erkundigen Sie sich bei Bildhauern, Keramikkünstlern, Stuckateuren, Kunstpädagogen und -therapeuten. Die Totenmaske sollte relativ bald nach dem Tod angefertigt werden, weil das Gesicht dafür mit einer Masse bestrichen werden muss, die das anschließende Ablösen der Form erlaubt. Danach müssen das Gesicht und die Haare gewaschen werden.

Körperschmuck

Wenn ein Ehepartner verstorben ist, stellt sich auch die Frage nach dem Ehering. Üblicherweise wird er abgenommen. Wer macht das? Ich halte es für sinnvoll, dass der Mann, der seiner Frau den Ring vor vielen Jahren angesteckt hat, ihn ihr jetzt auch wieder vom Finger zieht, und umgekehrt die Frau ihrem Mann. Diese Geste unter zwei Menschen, die der Tod getrennt hat, kann man allein vornehmen – sicher eine sehr schmerzliche Geste. Im Beisein von Freunden, der Kinder, vielleicht sogar der Trauzeugen ist die Abnahme des Eherings einfacher zu tragen. Erzählungen vom und Erinnerungen an den Hochzeitstag runden diese symbolträchtige Handlung ab.

Ohrringe und Piercings sind Schmuckstücke, die eng mit der Persönlichkeit der Verstorbenen verbunden sind. Auch hier sollten Sie das Abnehmen nicht dem Bestatter überlassen, sondern es als naher Freund oder Angehöriger selbst vornehmen.

Die Bestattungsarten

Die Urne auf dem Kaminsims – das gibt es im deutschsprachigen Raum nur in der Schweiz. In Deutschland und Österreich besteht Friedhofs- und Bestattungszwang, das heißt: Ein Verstorbener, auch »in Ascheform«, darf sich nicht unter den Lebenden aufhalten und darf nur in speziell zugelassenen Fahrzeugen transportiert werden.

Die Asche verstreuen?

Die Schweiz und viele andere Länder erlauben neben der Aufbewahrung der Asche zu Hause auch das Ausstreuen auf eine Wiese oder in fließende Gewässer (Skandinavien). In Deutschland und Österreich geht das nicht.

Wer, um des Verstorbenen zu gedenken, nicht auf einen Friedhof gehen will, sollte sich seinen eigenen Trauerort schaffen. Das können eine Ecke zu Hause oder ein Platz in freier Natur sein oder auch ein Zeitort: die Todesstunde, der Todestag. Sie selbst bestimmen durch Ihre Handlungen und Gedanken, wo Sie Ihres Verstorbenen gedenken. Eine Trauerfeier macht diesen Ort zu einem Trauerort, weiht ihn für Ihr Gedenken.

Grundsätzlich gibt es zwei Bestattungsarten: die Bestattung des Leichnams oder die Verbrennung, auch Einäscherung, Kremation oder Feuerbestattung genannt. Beides ist im deutschsprachigen Raum möglich. Die Anzahl der Verbrennungen steigt kontinuierlich an und liegt in Deutschland derzeit bei etwa 40 Prozent.

Die Art der Bestattung muss dem Wunsch des Verstorbenen entsprechen, es sei denn, der Wunsch widerspricht dem Gesetz. Die Bestattungsart sollten Sie sehr früh klären, denn sie hat Einfluss auf Zeit und Ort der Trauerfeier.

Bestattung des Leichnams

Ein Leichnam muss in einem Sarg auf einem Friedhof beerdigt werden. Nur in der Schweiz gibt es auch die Gruftbestattung: Dort liegt der Leichnam in einem speziellen Sarg mit Zinkeinlage und Druckluftfilter. Die örtlichen Bestatter kennen die Vorschriften und Möglichkeiten.

Die herkömmliche Beerdigung im Sarg muss innerhalb weniger Tage stattfinden (Fristen in Deutschland auf Seite 158), wenn nicht eine Ausnahmesituation vorliegt wie Überführung aus dem Ausland oder Verdacht auf ein Verbrechen.

Feuerbestattung

Immer mehr, vor allem kirchenferne Menschen wünschen, nach ihrem Tod verbrannt zu werden. Die Verbrennung des Verstorbenen erfolgt im Sarg, die Verwendung eines Sarges ist gesetzlich vorgeschrieben. Die »Feuerbestattung Südost Bayern« ermöglicht meines Wissens als einziges Unternehmen in Deutschland die Anwesenheit bei der Verbrennung und bietet geeignete Räume für Trauerfeiern. Ansonsten müssen Sie warten, bis Ihnen schriftlich mitgeteilt wird, dass die Urne jetzt zur Bestattung bereit steht. Nur in der Schweiz können Sie die Urne selbst abholen, in Deutschland und Österreich müssen Sie einen Bestatter beauftragen.

Bei der Planung der Trauerfeier sollten Sie sich vorher erkundigen, wie lange die Wartezeit dauert. Wenn es nur ein oder zwei Wochen sind, können Sie mit der Trauerfeier auf die Urne warten. Wenn sechs bis acht Wochen angekündigt werden, empfehle ich zwei Trauerfeiern: eine nach wenigen Tagen, in die der Verstorbene mit einbezogen wird, und eine zweite dann, wenn die Urne bestattet wird. Die Grablegung der Urne können Sic wie bei einer Grablegung mit Sarg gestalten.

Neben der Erdbestattung können Urnen in Urnenwänden (mit Namen), in einem Friedwald (siehe unten) oder anonym bestattet werden. Die Seebestattung ist eine Sonderform der anonymen Bestattung.

Urnen gibt es in einer großen Vielfalt, vom Standardkästchen bis zum künstlerisch gestalteten Gefäß für die Aufbewahrung zu Hause, die, wie bereits ausgeführt, in Deutschland und Österreich nicht erlaubt ist. Eine (umstrittene) Möglichkeit, wie Sie auf dem Umweg über die Niederlande doch an die Asche Ihres Verstorbenen gelangen, finden Sie im Internet (www.postmortal.de).

Anonyme Bestattung

Bei einer anonymen Bestattung sind die Angehörigen nicht anwesend. Unterschiedlich wird gehandhabt, ob die Angehörigen erfahren, auf welchem Teilstück des Friedhofs die anonyme Bestattung stattfand. Trauerfeiern sind in diesem Bereich meist nicht erlaubt, zum Teil laden ein Kunstwerk oder eine Gestaltung mit Blumen zum stillen Verweilen und Gedenken ein. Bei einer anonymen Bestattung sind Sie mit Ort und Zeit der Trauerfeier also unabhängig, aber ich empfehle, wie bereits erwähnt, auf jeden Fall eine Abschiedsfeier unter Einbeziehung des Verstorbenen.

Die Zahl der anonymen Bestattungen steigt. Das wird allgemein kritisiert als Verlust der Trauerkultur. Menschen, die bestimmen, dass sie selbst oder ihre verstorbenen Angehörigen so bestattet werden, machen das meiner Erfahrung nach, weil sie den Hinterbliebenen keine Mühe machen wollen. Ich vermute, dass die Zahl anonymer Bestattungen zurückginge, gäbe es auf Friedhöfen persönlich gestaltete, aber pflegeleichte Urnenplätze.

Seebestattung

Seebestattungen nehmen zu, bilden aber weniger als ein Prozent aller Bestattungen. Der Wunsch nach Seebestattung muss begründet werden, sonst wird sie nicht genehmigt. Bei einer Seebestattung sind die Angehörigen in der Regel nicht anwesend: Die (wasserlösliche) Urne mit der Asche wird auf hoher See von einem Schiff aus vom Kapitän versenkt. Es gibt mittlerweile auch Reedereien (www.seebestattungen.de), die sich auf Trauerfeiern eingestellt haben und auf dem Bestattungsschiff entsprechende Räumlichkeiten anbieten.

Friedwald

Die Idee Friedwald kommt aus der Schweiz, seit 2001 gibt es auch in Deutschland einen Friedwald in Reinhardshagen in Hessen (www.friedwald.de). Die Asche des Verstorbenen wird an den Wurzeln eines jungen oder neu gepflanzten Baumes eingebracht: Sie spendet dem Baum Nähr- und Aufbaustoffe und geht so in den natürlichen Kreislauf von Leben und Tod ein.

Mit dem Baum haben die Trauernden einen Ort für ihre Trauer, der wächst, schützt und jederzeit besucht werden kann. Die Atmosphäre im Friedwald entspricht der eines normalen Waldes und kann mit der Ordnung in Reih und Glied auf Friedhöfen nicht verglichen werden. Die Bäume sind gekennzeichnet, tragen aber nicht den Namen des Verstorbenen.

Der Sarg

Es gibt eine große Auswahl an Särgen, Vollholz oder furniert, barock oder schlicht, einfachst oder vom Designer gestylt. Nicht jeder Bestatter bietet alles, deshalb haben viele Menschen Probleme, etwas zu finden, was ihnen gefällt.

Denken Sie bei der Auswahl darüber nach, was Ihnen und dem Verstorbenen entspricht und was Sie sich leisten können.

Ein Vater berichtet in dem Buch »begraben und vergessen«, dass er den Sarg für sein verstorbenes Kind selbst schreinerte, weil keine Schreinerei oder Zimmerei bereit war, innerhalb kurzer Zeit einen Sarg nach seinen Vorstellungen zu bauen.

Auch der Bestatter Fritz Roth aus Bergisch-Gladbach, der in den Medien für einen neuen Umgang mit Tod, Begräbnis und Trauer wirbt, ermöglicht seinen Kunden, den Sarg selbst zu bauen und zu gestalten: zu bemalen, zu bekleben, zu schmücken.

Dies Beispiel macht mittlerweile Schule: Im Internet finden sich immer mehr Bestatter, die die persönliche Sarggestaltung ermöglichen und entsprechende Werkstaträume anbieten. Dort können die Angehörigen ihrem Verstorbenen während der Aufbahrungszeit einen letzten, handwerklich-kreativen Dienst erweisen. Wo steht schließlich geschrieben, wie ein Sarg auszusehen hat? Lassen Sie Kinder malen, treffen Sie sich mit Freunden zum Sarg lasieren oder lassen Sie jeden Trauerbesucher einen Pinsel satt voll mit Farbe verstreichen. Die Farben müssen allerdings biologisch abbaubar und frei von giftigen Substanzen sein.

Friedhof und Grab

Friedhöfe sind nur selten so gestaltet, dass sie zur Trauer, auch zur gemeinsamen Trauer und zur Begegnung der Trauernden einladen: Das beginnt bei den Aufbahrungsräumen und endet bei den per Friedhofsordnung uniformierten Reihengräbern. Der Verbraucherzusammenschluss aeternitas hat deshalb einen studentischen Ideenwettbewerb für Friedhöfe der Zukunft veranstaltet. Fazit: Ideen gibt es viele, aber sie liegen in der Schublade.

Friedhöfe werden heute zum Teil unter kirchlicher Regie, zum Teil von der Gemeinde oder Stadt verwaltet. Wenn Sie aus der Kirche ausgetreten sind und eine Beerdigung im Sarg oder in der Urne wünschen, kann Ihnen manchmal Widerstand entgegenschlagen: Oft wird stillschweigend angenommen, dass Kirchenaustritt auch gleichzeitig Einäscherung und anonyme Bestattung bedeutet. Aber: Auch die katholische Kirche erlaubt die Einäscherung, und eine Urne kann begraben werden. Kirchliche Friedhöfe können die Bestattung eines Ungläubigen oder Andersgläubigen nur ablehnen, wenn ein kommunaler Friedhof in der Nähe liegt. Für Moslems gibt es zum Teil eigene Gräberfelder auf Friedhöfen in großen Städten, weil sie nach dem Koran nicht unter Nicht-Moslems beerdigt werden dürfen.

Ein Grab auf dem Friedhof erwirbt man auf Zeit, meist 20 bis 30 Jahre. Unterschieden wird zwischen Einzelgräbern (= Reihengrab) und Familiengräbern (= Wahlgrab). Urnen-Einzelgräber sind kleiner als Gräber für Särge.

Blumenschmuck

Blumenschmuck, Kränze und Gestecke bei der Aufbahrung und auf dem Grab sind allgemein verbreitet und vertraut. Vermehrt bitten aber Verstorbene in ihrem Testament oder auch die Angehörigen darum, auf Kränze zu verzichten und das Geld für einen guten Zweck zu spenden.

Spenden sind eine gute Sache – Blumen auch: Sie duften, sie sehen schön aus, sie schmücken, sie geben der Trostlosigkeit des Todes ein erträgliches Gesicht. Bei der Aufbahrung zu Hause oder in einem angenehm gestalteten Aufbahrungsraum mag Blumenschmuck verzichtbar sein. In den üblichen Leichenhallen kann Blumenschmuck deren »neutrale«, kalte Architektur mildern.

Blumendekoration können Sie über den Bestatter bestellen. Experten in Sachen Sarg- und Grabschmuck sind die Friedhofsgärtnereien, aber jeder Florist nimmt entsprechende Aufträge an.

Die üblichen Gestecke sind wie alles Gestalterische Geschmacksfrage – und über Geschmack lässt sich bekanntlich nicht streiten. Zugegeben, es ist verlockend, im Trauerfeier-Vorbereitungs-Stress beim Floristen zu sagen: »Ja, machen Sie mal.« Halten Sie inne und überlegen Sie, mit welchen Blumen Sie dem Verstorbenen eine Freude machen würden und vor allem: was er auf keinen Fall möchte. Ich erinnere mich noch gut an die Irritation der nächsten Angehörigen, als ein prächtiges Gesteck aus Gerbera beim Sarg stand: Die Verstorbene hatte Gerbera nie ausstehen können.

Was ich Ihnen damit sagen will: Schränken Sie die Freude an Blumen, die fast jeder Mensch hat, nicht dadurch ein, dass Sie meinen, bei einem Begräbnis seien nur bestimmte Sorten zulässig. Folgen Sie Ihrem Gefühl, Ihrem Geschmack, Ihrem Stil. Und wenn es Ihnen wichtig ist, dass alle Blumen- und Kranzspenden diesem Stil entsprechen, dann sollten Sie das in der Traueranzeige und/oder Einladung zur Trauerfeier unbedingt kundtun.

Todesanzeigen und Einladung

Zeitung

Tschüss, mein prächtiges Königskind
so lieb und so gelassen
Deine Wärme strahlte so tapfer
bis plötzlich die Sonne verschwand.
Aber am dunklen Himmel
wenn man nach oben schaut
steht nun ein heller, kleiner Stern
der sein Licht auf uns scheinen lässt.

Diese im Original niederländische Anzeige war einem Kind gewidmet, das nur 14 Tage lebte. Der Text stand auf dem Umhang eines gezeichneten Kindes mit Krone und erschien in einer Tageszeitung. Die Trauerbegleiterin und -pädagogin Ruthmarijke Smeding entdeckte die Anzeige und zitierte sie auf dem 2. Augsburger Nachsorgesymposium.

Nachdem jahrelang die Todesanzeigenseiten in den Zeitungen an Ödnis und Unpersönlichkeit nicht zu überbieten waren, finden sich in den letzten Jahren vereinzelt Anzeigen, die eine Geschichte erzählen, die Betroffenheit vermitteln, die persönlich gestaltet sind. Nehmen Sie sich die Zeit und befreien Sie die Todesanzeigen aus ihrem Einheitskostüm: Wagen Sie persönliche Aussagen und andere Texte als die, die Sie im Musterordner der Anzeigenannahmestellen finden. Die Auseinandersetzung, das Nachdenken, das bewusste Formulieren fördern Ihre Trauerbewältigung.

Die Texte können auch ganz kurz sein:

Wir trauern um einen großartigen Menschen – Wir sind sehr traurig – Wir hatten noch so viel vor – Dein Lachen wird uns fehlen.

Wenn Sie sich dazu berufen fühlen, können Sie auch längere Texte dichten, zum Beispiel:

NIE MEHR

Nie mehr Sonne in Deinen Haaren,
Blitzen in Deinen Augen, Wasser spritzen am Meer.
Nie mehr mit Dir in die Berge,
Stege suchen, erschöpft rasten.
Nie mehr Dein Schritt auf der Treppe,
Dein Schlüssel im Schloss, Dein Arm um mich.
Aber immer bewahre ich
Deine Liebe in mir.

Inhalt und Gestaltung

Folgende Inhalte kann eine Zeitungsanzeige haben:
- Zitat/Sinnspruch/Gedicht
- Symbol
- Name/Geburtsname
- Titel/Berufsbezeichnung/Auszeichnungen
- Bezeichnung für die Beziehung zum Verstorbenen (»Meine Frau«)
- Lebensdaten
- Todesumstände, Persönlicher Ausdruck der Trauer
- Namen der Hinterbliebenen (evtl. mit Verwandtschaftsgrad) einzeln aufgezählt oder pauschal
- Angaben zur Trauerfeier (falls öffentlich): Ort und Zeit, Kranz/Spenden, Blumenart, Kleidungsfarbe
- Adresse, falls Kondolenzschreiben erwünscht sind

Meist schmücken ein einfaches Bild oder ein Symbol die To-desanzeige. Neben dem Kreuz und den Betenden Händen gibt es noch viele weitere Möglichkeiten: Spirale, Labyrinth, Yin und Yang, magisches oder Kraftzeichen, Mandala, Alpha und Omega, Kerze, Sonne, Mond, Stern, Blume, Baum, Zweig.

Immer häufiger findet sich in Todesanzeigen die Formulie-rung: »Von Beileidsbekundungen (am Grab) bitten wir abzu-sehen.« Die Häufigkeit dieses Satzes erschüttert mich: Warum wollen die Trauernden nicht, dass andere auf sie zugehen und ihnen ihr Beileid, ihr Mitgefühl versichern? Schneiden Sie sich als Trauernde nicht vom Mitgefühl ab. Erlauben Sie anderen, ihr Beileid zu bekunden. Jede Umarmung am Grab, jeder Anruf und jeder Brief sind ein Zeichen für die Trauernden: Da ist jemand, der denkt an Dich, der fühlt mit Dir.

Unüblich, aber nicht unmöglich sind Todesanzeigen mit Foto oder mit einem gemalten Kinderbild. Schwierig wird es, wenn Sie zum Beispiel für einen Menschen, der an Aids gestorben ist, eine Anzeige mit rotem Rand wünschen. Zeitungen reagieren sehr unterschiedlich flexibel auf solche Ideen. Falls Sie eine konservative Zeitung oder einen vorschriftsgläubigen Mitarbeiter vor sich haben, lassen Sie sich nicht einschüchtern und haben Sie immer das Ziel vor Augen: eine Todesanzeige, die Ihrem persönlichen Empfinden entspricht.

Trauerbrief

Der gedruckte Trauerbrief war früher weit verbreitet und verliert heute zugunsten von Telefon und elektronischen Medien an Bedeutung. Wenn keine Zeitungsanzeigen erscheinen, bildet der Trauerbrief eine gute Möglichkeit, viele Menschen schnell zu benachrichtigen und ihnen eine angemessene Reaktion zu ermöglichen. Die Inhalte entsprechen denen einer Todesanzeige, die Gestaltung ist bisweilen etwas textbetonter.

Wenn der Tod nicht überraschend eintritt, sondern absehbar ist, können Sie sich rechtzeitig Gedanken über die Gestaltung der Todesanzeige machen. Wenn der Todkranke noch ansprechbar ist, können Sie ihn in alle Dinge, die die erste Zeit nach seinem Tod betreffen, mit einbeziehen. Natürlich muss der Betroffene dieses Einbeziehen wünschen: Es ist schwer, mit einem Lebenden über die Zeit nach seinem Tod zu sprechen. Aber der Erfahrung von Sterbebegleitern nach ist es einfacher, als die meisten Angehörigen und Freunde meinen und befürchten.

Wer einen Freund mit leistungsfähigem Drucker und soliden PC-Kenntnissen hat, kann relativ einfach eine ansprechende und persönliche Todesanzeige gestalten. Format DIN A 5 (kleine Schulheftgröße), einmal gefaltet auf Postkartenformat. Als Papier nehmen Sie etwas stärkeres Briefpapier.

Die Titelseite schmücken Sie mit einem Foto oder einem künstlerischen Motiv, das Sie einscannen. Das kann auch ein Kinderbild sein, ein Stillleben, das der Verstorbene malte, oder ein Motiv, das ein Freund schuf. Naturaufnahmen sind allgemein beliebt, aber allzu oft sind sie auch beliebig. Wenn allerdings der Verstorbene seit Jahrzehnten auf verschiedenen Nordseeinseln Urlaub machte, haben eine aufgepeitschte Nordsee oder ein sommerliches Dünen-Idyll ihre Berechtigung. Denken Sie auch an abstrakte oder grafische Motive, zu denen der Verstorbene einen Bezug hatte: ein Labyrinth, ein Mandala, Initialen, ein Symbol- oder Kraftzeichen. Gestalten Sie den Text im Inneren der Faltkarte persönlich. Wenn Sie zu einem Gedicht greifen (Anregungen ab Seite 138) oder zu einem Zitat aus Bibel, Koran oder anderen heiligen Büchern, achten Sie auf den Bezug zum Verstorbenen oder zu Ihrer persönlichen Situation.

Telefonkette

Anstelle von Trauerbriefen werden Freunde und Verwandte immer häufiger telefonisch benachrichtigt. Organisieren Sie es in Form einer Telefonkette: Jeder Angerufene informiert einige weitere Menschen in seinem Umfeld. Mit dem Telefon gewinnen Sie einen Tag bei der Vorbereitung der Trauerfeier.

Wenn Sie die Todesnachricht und die Einladung zur Trauerfeier telefonisch übermitteln, sollten Sie sich die wichtigsten Eckpunkte vorher notieren:

- Wo ist der Verstorbene aufgebahrt? Kann er besucht werden?
- Ort und Zeit der Trauerfeier, Geplante Dauer
- Ritual, zu dem etwas mitzubringen ist?
- Beiträge/Ideen für die Trauerfeier?
- Mögliche Hilfestellung, zum Beispiel: Wen informiert der andere (Telefonkette)? Kennt er weitere Helfer?
- Anschließend Leichenschmaus, Spaziergang, Gottesdienst?
- Kleidungsfarbe

Notieren Sie, wen Sie anrufen wollen und wen Sie bereits angerufen haben. Im Trauerschock arbeitet das Hirn teilweise nicht so zuverlässig, wie Sie es gewohnt sind, und auch die Angerufenen sind meist so betroffen, dass sie vergessen, wichtige Fragen zu stellen.

Wer wird eingeladen?

Versuchen Sie so früh wie möglich zur Trauerfeier einzuladen, damit viele den Termin wahrnehmen können. Eine Traueranzeige in der Zeitung mit Ort und Zeit der Trauerfeier gilt als öffentliche Einladung. Darüber hinaus und bei nicht-öffentlichen Trauerfeiern sollten Sie persönliche Einladungen verschicken oder aussprechen.

Wichtig ist, dass Sie niemanden vergessen: Zu wem hatte der Verstorbene Kontakt? Wer steht den Hinterbliebenen nahe und kann ihnen helfen? Nachfolgend eine Liste, aus welchen Bereichen die Gäste kommen können:

- Verwandte: väterlicherseits, mütterlicherseits, angeheiratete Verwandtschaft
- Freunde: Freizeit, Hobby, Interessen
- Nachbarn
- Berufskollegen und -vorgesetzte: Arbeitsplatz, ehemaliger Arbeitsplatz, Verband
- Schul-, Ausbildungs- und Studienfreunde
- Kunden, Auftraggeber
- Geschäfte, Firmen, Gastronomie, bei denen der Verstorbene Stammkunde war
- Vereinskameraden, Parteimitglieder, Mitglieder in Arbeitsgemeinschaften, Initiativen, Clubs und sonstigen Zusammenschlüssen, denen der Verstorbene angehörte
- Betreuer, Pfleger, Ärzte, Therapeuten, Begleiter

Aus der eigenen Angst und Unsicherheit im Umgang mit dem Tod heraus meinen Erwachsene oft, Kinder vom Toten, von der Trauerfeier und dem Begräbnis fernhalten zu müssen. Das ist falsche Rücksichtnahme, die dem Kind sogar schaden kann: Kinder wissen und spüren, dass »etwas Schlimmes« passiert ist, verstehen aber die Zusammenhänge nicht und reimen sich dann irgendeine Erklärung zusammen, die zu Ängsten und Alpträumen führen kann.

Der Umgang mit dem Tod hängt vom Alter ab. Kinder bis

drei Jahre verstehen den Tod noch nicht. Im Kindergartenalter begreifen sie, dass der Verstorbene nicht mehr tun kann, was andere Menschen tun: atmen, gehen, essen, reden, spielen. Im Alter von sechs bis neun Jahren begreifen sie nach und nach, dass der Tod endgültig ist, dass alle Menschen sterben müssen und dass Alter, Krankheiten, Unfälle etc. die Ursachen für den Tod sind. Kinder im Kindergartenalter gehen sehr unbefangen mit Tod und Verstorbenen um und erleichtern durch ihre Fragen bisweilen sogar den Erwachsenen die ungewohnte Situation. Bei Kindern ab sechs Jahren ist sehr sorgfältig auf die Reaktionen und Fragen zu achten, da ihr emotionaler und intellektueller Entwicklungsstand nicht verallgemeinert werden kann. Kinder ab zehn Jahren verstehen, was Tod bedeutet.

Grundsätzlich gilt: Nehmen Sie Kinder mit zum Verstorbenen und zur Trauerfeier, wenn das Kind eine Beziehung zu ihm hatte. Bemühen Sie sich immer um ehrliche Antworten.

Das gilt auch und besonders, wenn ein Kind stirbt. Zum Umfeld eines Kindes gehören Kinder: Geschwister und Freunde aus der selben Straße, dem Kindergarten oder der Schule. Sie sollten unbedingt in die Trauerfeier mit einbezogen werden. Das muss in altersgerechter Form erfolgen und sollte in Abstimmung mit den verantwortlichen Erziehern und Lehrern geschehen: Kindergarten- und Schulkinder können zur Trauerfeier ein Lied beisteuern, vielleicht das Lieblingslied des Verstorbenen. Oder man lässt sie Bilder malen und in den Sarg legen. Teenager sollten in die Musikauswahl einbezogen werden. Sie können dem Klassenkameraden Abschiedsbriefe schreiben oder Erinnerungsstücke in den Sarg legen oder einen gemeinsamen Text zur Trauerfeier beisteuern. Rituale bei der Trauerfeier sollten so einfach sein, dass auch Kinder daran teilnehmen können: eine Rose ins Grab werfen, eine Kerze zum Sarg stellen, im Kreis tanzen.

Kleidung

Die Trauerkleidung und Trauerbemalung in vielen Völkern war ursprünglich motiviert durch das Bedürfnis, dem Verstorbenen möglichst nahe zu sein: Christen kleiden sich traditionell schwarz, Moslems weiß oder schwarz, Japaner und Chinesen weiß. Wann sich in unserem Kulturkreis der Wandel von Weiß nach Schwarz vollzog, ist nicht genau festzustellen. Sicher ist, dass in sehr frühen, weiblich und bäuerlich geprägten Gesellschaften weiß die Farbe der Knochen war, die die Sonne ausbleichte, und deshalb trauerte man Weiß. Schwarz war die Farbe der fruchtbaren Erde, aus der alles Leben entstand.

Überlegen Sie, ob nicht eine andere Farbe als Schwarz dem Verstorbenen entspricht: Gibt es eine Farbe, die an den Verstorbenen erinnert, die einfach typisch für ihn war? Oder wollen Sie das Schwarz nicht haben, weil es Ihnen zu trostlos erscheint? Trostlos ist der Seelenzustand der meisten, wenn sie einen geliebten Menschen verloren haben. Das dürfen Sie auch ausdrücken.

Wenn Sie in der Einladung zur Trauerfeier um eine andere Kleidungsfarbe als Schwarz bitten, sollten Sie kurz erklären, warum Sie das tun, etwa folgendermaßen:

Meine verstorbene Gattin liebte Gelb und alle warmen Farben. Deshalb bitte ich Sie, zur Trauerfeier möglichst Trauerkleidung in gelben, orangen und erdfarbenen Tönen zu tragen. Mit ihren Farben wollen wir uns ein letztes Mal ganz nah bei ihr fühlen.

Wilhelm liebte Kinder. Deshalb werden Kinder die Trauerfeier mitgestalten und eine lebensfrohe Stimmung dem Tod an die Seite stellen. Wenn es Ihnen angenehm ist, können Sie auch in nicht-schwarzer Kleidung erscheinen.

Sterbebild

Vor allem in stark katholisch geprägten Landstrichen ist das Sterbebild verbreitet. In der Regel halb so groß wie eine Postkarte (DIN A7), trägt es auf der Vorderseite ein Bildmotiv, oft aus der Natur, oder eine Heiligendarstellung. Auf der Rückseite oder bei gefalteten Karten auf den beiden Innenseiten zeigt ein Porträtfoto den Verstorbenen, und daneben stehen die Lebensdaten oder ein kurzer Lebenslauf. Manchmal ergänzt ein Zitat oder Gedicht die Information.

Das Sterbebild wird in der Regel für die Trauergäste zur Erinnerung an den Verstorbenen bei der Trauerfeier aufgelegt oder verteilt oder den Trauerbriefen beigelegt.

Danksagung

Die Danksagungskarte oder der Danksagungsbrief werden nach der Bestattung verschickt, in der Regel an alle, die anwesend waren oder denen Sie aus anderen Gründen danken wollen. Auch hier kann ich Sie nur ermutigen, persönliche Texte und Motive zu wählen. Jetzt haben Sie die Zeit, sorgfältig einen Text auszusuchen, Gedanken abzuwägen, mehrere Formulierungen auszuprobieren, ein Bild zu gestalten, besonderes Papier auszuwählen.

Statt Danksagungskarten werden auch Danksagungsanzeigen in der Zeitung gedruckt: Nachfolgend ein Beispiel, das die Danksagung mit der Ankündigung des Sechswochenamtes verband. Ich habe diesen Text gewählt, weil er sehr persönlich anspricht und gut widerspiegelt, was viele Trauernde empfinden.

Danken möchten wir allen, die jetzt für uns da sind und uns nicht ausweichen. Dankbar sind wir für jeden, der uns einmal zulächelt und seine Hand reicht, wenn wir uns verlassen fühlen.

Danken möchten wir allen, die uns immer noch besuchen, obwohl sie Angst haben, etwas Falsches zu sagen.

Danken möchten wir allen, die uns erlauben, von der Verstorbenen zu sprechen. Wir möchten unsere Erinnerungen nicht totschweigen. Wir suchen Menschen, denen wir mitteilen können, was uns bewegt.

Danken möchten wir allen, die uns zuhören, auch wenn das, was wir zu sagen haben, sehr schwer zu ertragen ist.

Danken möchten wir allen, die uns nicht ändern wollen, sondern uns geduldig so annehmen, wie wir jetzt sind.

Danken möchten wir allen, die uns auf so vielfältige Art und Weise ihr Mitgefühl zeigen konnten, die uns ein paar Schritte im Dunkel des Schmerzes und der Trauer begleiten, die uns Mut machen, weiterzugehen.

Die überaus große Anteilnahme am Tode unserer lieben Verstorbenen hat uns überwältigt und uns ein wenig getröstet. Sie hat uns gezeigt, wie hoch geschätzt sie war und wie sehr sie geliebt wurde.

Bei allen Formen der Traueranzeigen sollten Sie überlegen, ob Sie und die engsten Freunde und Verwandten das wirklich wollen. Wenn es nur die Mühe ist, die sie abschreckt, dann kann ich Sie nur ermutigen: Machen Sie sich die Mühe, Sie tun es dem Verstorbenen und vor allem sich zuliebe.

Wenn Sie aber eine bestimmte Form nur beibehalten, weil »man« das macht, scheuen Sie sich nicht, dies wegzulassen. Belasten Sie sich nicht mit Arbeit, die für Sie keinen Sinn hat und nur Ihre Energie kostet. Stellen Sie Ihre Bedürfnisse in den Mittelpunkt und lassen Sie sich nicht von dem leiten, was andere, die kaum betroffen sind, von Ihnen erwarten.

Wenn Sie sich im engen Freundes- und Verwandtenkreis nicht einigen können, vergeuden Sie Ihre Energie nicht in endlosen Diskussionen: Es gibt kein Richtig und kein Falsch. Viel produktiver ist es, wenn die, die eine Zeitungsanzeige wünschen, dies auch organisieren. Und die anderen, die ein Sterbebild vor Augen haben, kümmern sich darum.

Checkliste Anzeigen und Einladungen

- Todesanzeige in Zeitungen
  Ja/nein – Welche Zeitung/en? – Text? – Bild/Symbol/Foto? – Wer organisiert?
- Todesanzeige per Post
  Ja/nein – Vordruck/eigene Gestaltung – Text? – Bild/Symbol/Foto? – Wer organisiert? – Adressliste
- Todesanzeige per Telefon
  Ja/nein – Anruferliste – Telefonkette – Wichtiges auf Stichwortliste
- Trauerkleidung klären
- Einladung
  Post/Telefon/persönlich/Fax/e-mail – weitere Fragen siehe vorhergehende Punkte
- Sterbebild
  Ja/nein – Text? – Bild – Wer organisiert? – Foto
- Danksagung
  Ja/nein – Post und/oder Zeitung? – Text? – Bild/Symbol/Foto? – Wer organisiert?

Die Trauerfeier

Die »Trauerfeier« bezeichnet nicht eindeutig eine bestimmte Feier: Der Trauergottesdienst, die Feier in der Leichenhalle, die Grablegung, eine Gedenkfeier wo auch immer – das alles können Trauerfeiern sein. Dies Buch will Ihnen keine bestimmte Form vorschreiben, sondern Ihnen Anregungen geben, wann, wo und wie Sie eine Trauerfeier gestalten können. Der Sinn einer Trauerfeier ist allerdings immer der gleiche: Mehrere Menschen erinnern sich gemeinsam an den Verstorbenen, nehmen Abschied von ihm und lassen ihn los.

Trauer-Feier? Ist es überhaupt richtig, die Trauer zu feiern? Ich meine, es ist nicht nur richtig, sondern auch wichtig. Eine Trauerfeier darf auch freudige Elemente enthalten, sie gibt der Trauer Raum, soll aber auch Kraft und Hoffnung vermitteln.

»Im engsten Familienkreis«

Der Trend scheint derzeit dahin zu gehen, Trauerfeiern in immer kleinerem Kreis und immer zurückgezogener abzuhalten. Das ist für die Trauernden eine bedauerliche Entwicklung, denn eine große Trauergemeinde trägt den Abschied mit und trägt die Trauernden. Vermutlich sind es Angst, Scham und die Schonung der anderen, nicht so stark Trauernden, die die nächsten Angehörigen und Freunde zu diesem Rückzugsverhalten animieren. Aber lassen Sie sich ermutigen: Feiern Sie eine große Trauerfeier, laden sie so viele Freunde, Bekannte und Verwandte ein wie möglich, geben Sie sich und den anderen die Chance, sich feierlich zu verabschieden und gegenseitig zu stützen. Eine geglückte Trauerfeier wirkt als verbindendes Element unter allen Trauernden weit über die eigentliche Feier hinaus.

Wenn Sie beginnen, über die Gestaltung der Trauerfeier nachzudenken, ist natürlich die erste Frage: Was hätte der Ver-

39

storbene gewollt, was hat er festgelegt? Die Wünsche des Verstorbenen sind auf jeden Fall zu respektieren.

Wenn nichts festgelegt ist, sollten Sie die Gestaltung und den Ablauf der Trauerfeier mit den engsten Freunden und Angehörigen des Verstorbenen besprechen. Ich warne vor Alleingängen: Erstens bürden Sie sich damit viel Arbeit auf, und zweitens laufen Sie Gefahr, Ihre Wünsche und Befindlichkeiten den anderen aufzuzwingen. Suchen Sie sich Helfer. Das gemeinsame Vorbereiten der Trauerfeier ist eine wichtige und einmalige Gelegenheit, sich mit dem Verstorbenen auseinander zu setzen.

Professionelle Helfer

Persönliche Gestaltung einer Trauerfeier heißt nicht, dass Sie alles selber machen müssen. Die meisten Bestatter haben das Organisieren und Abhalten von Trauerfeiern in ihrem Leistungskatalog. Fragen Sie danach, wenn Sie mit Bestattern Kontakt aufnehmen. Machen Sie von Anfang an deutlich, dass Sie sich eine individuelle Gestaltung wünschen, gegebenenfalls auch die Beratung und Erfahrung des Bestatters in Anspruch nehmen wollen, vielleicht noch nach Ideen suchen. Lassen Sie sich immer auch die Preise für bestimmte Leistungen nennen. In der Bestattungsbranche gibt es eklatante Preisunterschiede, vermutlich deshalb, weil die meisten Angehörigen aus Verlegenheit nicht wagen, nach den Preisen zu fragen. Ein guter Bestatter geht so weit wie möglich auf Ihre Wünsche ein und hilft Ihnen bei allem, was Sie brauchen.

Der Zeremonienmeister

Zugegebenermaßen ist »Zeremonienmeister« ein unüblicher Titel, aber er drückt sehr gut aus, was der Betreffende macht: Er leitet eine Zeremonie, eine Feier. Im herkömmlichen Trauergottesdienst übernimmt diese Rolle der Priester.

Ich rate dazu, sich für die Trauerfeier einen Zeremonienmeister zu suchen: Er begrüßt und verabschiedet die Trauergäste, er macht die Abläufe für alle Beteiligten klar, er kündigt Musik und Redner an, er führt durch ein Ritual. Diese Rolle kann jeder übernehmen, der sich dazu in der Lage fühlt. Wenn sich niemand in Ihrem Umfeld findet, denken Sie darüber nach, ob Sie einen Seminarleiter, einen Therapeuten oder sonst eine Person kennen, der Sie diese Führungsrolle anvertrauen wollen. Manche Trauerredner übernehmen solche Aufgaben, und auch Bestatter verfügen zum Teil über entsprechende Erfahrung oder vermitteln geeignete Persönlichkeiten.

Die Rolle des Zeremonienmeisters können sich auch mehrere Personen teilen, was dann zum Beispiel folgendermaßen aussieht:

- Ein Freund des Verstorbenen begrüßt die Trauergäste und schildert kurz den Ablauf.
- Musikstück
- Die Trauerrednerin ergreift das Wort, baut ein Gedicht ein, das sie von einem Kind vorlesen lässt, und übergibt das Wort ...
- ... an die Freundin, die durch das Abschiedsritual führt, usw.

Solche Abläufe müssen vorher sorgfältig geplant und abgesprochen werden, sonst kann es zu »Löchern« kommen. In einer Trauerfeier wäre das besonders unangenehm. Seien Sie aber nicht zu perfektionistisch, Überreglementierung zerstört Emotionen, und vergessen Sie Pausen für Besinnung und Sammlung nicht.

Zur Klarheit trägt bei, wenn Sie den Ablauf auf einem Handzettel festhalten, den Sie kopieren und an alle Gäste verteilen. Darauf können auch Texte und Lieder stehen, die gemeinsam gesprochen und gesungen werden.

Elemente der Trauerfeier

Die klassischen Kernelemente einer Trauerfeier sind:

- Musik
- Begrüßung und Abschluss
- Trauerrede(n), Erinnerung(en) an den Verstorbenen
- Ritual
- Bitten/Wünsche/Segen
- Texte

Betrachten Sie diese Elemente als Bausteine, die Sie mit eigenen Inhalten füllen und nach Ihren Vorstellungen gestalten und kombinieren. Als Anregung zum Nachdenken können Sie mehrere Texte und Zitate einbauen, Musik sollte oder kann öfter erklingen, nur beim Ritual dürfen Sie »sparsam« sein: Eines mit einer klaren Aussage ist wirkungsvoller als ein Gemisch mehrerer ritueller Formen und Handlungen.

Diese Bausteine können auch in eine kirchliche Liturgie integriert werden. Wichtig für einen persönlichen Abschied ist nicht, dass Sie alles »aus Prinzip« anders machen, sondern dass Sie sich inhaltlich und gefühlsmäßig wiederfinden.

Musterablauf

Die Trauerfeier muss nicht an einem Ort stattfinden. Insbesondere wenn die Beerdigung von Sarg oder Urne in die Trauerfeier eingebunden ist, findet die Trauerfeier an zwei Orten statt. Wenn Sie Wert darauf legen, dass Inhalt und Struktur sich entsprechen, entscheiden Sie sich möglicherweise für einen klassischen Drei-Schritt: Erinnerung an den Verstorbenen (Trauerfeier mit Ansprache), Abschied vom Verstorbenen (Grablegung) und Rückkehr ins Leben (Leichenschmaus).

Eine solche Trauerfeier kann folgendermaßen ablaufen:

- Treffpunkt der Trauernden vor der Aufbahrungshalle
- Begrüßung, Erklärung des Ablaufs, Hinweis, dass der Sarg offen ist und in die folgende Feier mit einbezogen wird
- Einzug mit Musik
- Gedicht – vom Verstorbenen gewünscht
- Trauerrede(n) mit Erinnerung an den Verstorbenen
- Musik
- Geführter Spiraltanz, in dessen Verlauf alle noch einmal am offenen Sarg vorüberziehen
- Verschließen des Sarges durch Freunde
- Musik
- Zug hinaus zum Grab
- Kurze Abschiedsworte am Grab
- Der Sarg wird (von Freunden) hinabgelassen
- Der Zeremonienmeister wirft drei Schaufeln Erde auf das Grab, nimmt – still für sich – Abschied und verlässt das Grab

- Die Trauernden tun ihm einer nach dem anderen gleich
- Gemeinsame Fahrt zum Leichenschmaus oder Totenkaffee

Eine Einbeziehung des offenen Sarges in die Trauerfeier, so sie überhaupt erlaubt ist, will wohl überlegt sein. Bei aller Souveränität, die Sie selbst womöglich in den vorhergegangenen Tagen beim Anblick des Verstorbenen gewonnen haben, sollten Sie auch die persönlichen Möglichkeiten der Trauergäste berücksichtigen. Am besten informieren Sie Freunde und Verwandte über die offene Aufbahrung und stellen ihnen frei, ob sie den Verstorbenen noch einmal sehen wollen.

Das Schließen des Sarges kann eine sehr intime Angelegenheit sein, bei der nur die engsten Angehörigen und Freunde dabei sind und dabei auch mithelfen. Es vermittelt Trost und Nähe zum Verstorbenen, wenn man selbst, nicht irgendwelche Mitarbeiter des Bestattungsinstitutes, zu denen gehört, die den Verstorbenen zuletzt gesehen haben.

Ort der Trauerfeier

Das Problem vor allem bei städtischen Friedhöfen ist, dass die Zeit für die Trauerfeier eng begrenzt ist. Eine halbe Stunde ist die Regel, manche gestehen sogar nur 20 Minuten zu. Das ist zu knapp für ein Abschiedsritual, selbst wenn es nur eine kleine Gruppe wäre. Verhandeln Sie mit der zuständigen Friedhofsverwaltung, besuchen Sie den zuständigen Mitarbeiter in seinem Büro – meist müssen Sie sich die Örtlichkeiten ohnehin vor Ort anschauen, um zu klären, ob sie dafür geeignet sind, den Verstorbenen in die Mitte zu nehmen, wie es für jedes Ritual sinnvoll ist.

Wenn die Friedhofsverwaltung unflexibel ist, haben Sie mehrere Möglichkeiten: Entweder Sie weichen an einen anderen Aufbahrungsort aus (in Bayern nicht möglich), Sie gestalten die Trauerfeier ohne Sarg, oder Sie verlegen die Hauptzeremonie ans Grab: Beachten Sie bei Trauerfeiern am Grab aber die Außentemperaturen und den Wetterbericht. Manche Friedhofsverwaltungen und Bestatter ermöglichen für die Zeit der Trauerfeier auch eine Aufbahrung im Freien: Unter einem Baum, vor einem Kreuz oder auf der grünen Wiese. Trauerfeiern im Freien haben einen sehr offenen, auch öffentlichen Charakter. Das nimmt einerseits Hemmungen, kann aber auch Verlorenheit bei Betroffenen hervorrufen, die einen geschützten Raum für ihre Gefühle brauchen.

Grablegung

Es hat sich vielerorts eingebürgert, dass der Sarg oder die Urne nach dem Weg zum Grab oben stehen bleiben und erst versenkt werden, nachdem die Trauernden weggegangen sind. Ich rate davon dringend ab: Es ist ein unbeschreiblicher Schmerz, wenn der Sarg im Grab versinkt, wenn das, wo wir unseren Verstorbenen wissen, unseren Augen entschwindet, aber es hilft, die Realität zu begreifen und: Sie begleiten Ihren Verstorbenen bis zuletzt und lassen ihn nicht irgendwo stehen.

Für Freunde und Angehörige des Verstorbenen ist es eine besondere Erfahrung, den Sarg oder die Urne hinabzulassen. Gleiches gilt für das Tragen des Sargs oder der Urne zum Grab. Da eine Urne leicht und handlich ist, kann sie auf dem Weg zum Grab von einem zum anderen weitergereicht werden.

Wenn der Sarg getragen werden soll, sind dafür sechs kräftige Personen erforderlich. Meist steht er aber auf einem Rollwagen, den auch schwächere Personen schieben und ziehen können. Die praktischen Details – Stufen, Gewicht, Weglänge, Haltegriffe in verschiedener Höhe, Herablassen – sollten die Sargträger vorher mit dem Bestatter besprechen.

Musterablauf

Eine zeitlich begrenzte Trauerfeier in der Halle und ausführlichere Zeremonie am Grab können etwa folgendermaßen aufgebaut sein:

- Vor der Trauerfeier ist der Sarg im Aufbahrungsraum noch offen, und der Verstorbene kann besucht werden.
- Begrüßung der Trauergäste in der Halle, Erklärung des Ablaufs
- Gemeinsames Lied
- Die engsten Angehörigen gehen mit den Sargträgern zum Verstorbenen und verschließen gemeinsam den Sarg.
- Währenddessen bildet die Trauergemeinde ein Spalier auf

dem Weg zum Grab. Dabei nimmt sich jeder eine Rose aus einer bereitgestellten großen Vase.

- Freunde tragen den Sarg durch das Spalier zum Grab, die engsten Angehörigen folgen, nach und nach schließen sich die Trauergäste dem letzten Weg an.
- Sammlung am Grab, Instrumentalmusik oder einfaches Lied
- Text/Gedicht
- Trauerrede(n)
- Der Sarg wird von Freunden hinabgelassen.
- Der Zeremonienmeister spricht Abschiedsworte und verteilt Rosen an die engsten Angehörigen und die Sargträger.
- Er wirft eine Rose in das Grab und nimmt – still für sich – Abschied von dem Verstorbenen.
- Die Trauernden tun ihm einer nach dem anderen gleich.
- Anschließend Leichenschmaus oder Totenkaffee an einem vorher bekannt gegebenen Ort

Die letzte Rose

Noch relativ verbreitet und bekannt ist der Brauch, auf den Sarg im Grab eine Blume, meist eine Rose, zu werfen. Wenn Sie einen großen Strauß Rosen bereitstellen, können Sie allen die Teilnahme ermöglichen. Es ist auch möglich, dies mit einem Wunsch oder Trost zu verbinden, aber stellen Sie sich die Situation genau vor, bevor Sie ein solches Element am Ende der Beerdigung einplanen: Es ist möglich, dass Sie die Trauergäste an diesem kritischen Punkt, wo der Sarg hinabgelassen wurde und der endgültig letzte Abschied fällig ist, mit Worten überfordern. Lassen Sie Raum für Trauer und eine stille Geste.

Rosen können aber auch einen umgekehrten Weg gehen: vom Grab weg. Jeder der Trauergäste bekommt eine Rose mit nach Hause: zur Erinnerung an die Trauerfeier, an die gemeinsame Trauer, an den Verlust, aber auch zum Trost und zur Erinnerung an die Gemeinschaft, die in der Trauer tragen kann.

Verschließen des Grabes

Es ist unüblich, dass Trauernde mehr als den üblichen Erdwurf in das offene Grab tun. Wo der Sarg oben stehen bleibt, erfolgt nicht einmal mehr der Erdwurf. Dabei handelt es sich um ein traditionelles Ritual, das in seiner Einfachheit ungeheuer ausdrucksstark ist.

Meist liegt eine kleine Handschaufel für den Erdwurf bereit. Überlegen Sie, ob Sie Ihren Trauergästen »zumuten« wollen, mit bloßen Händen Erde ins Grab zu werfen: Das ist eine sehr unmittelbare Erfahrung, geht aber nur bei trockenem Wetter oder wenn der Stil der Gäste eine solche Aktion zulässt.

Wenn Sie den Wunsch verspüren, das Grab selbst zu schließen, dann sprechen Sie mit dem Bestatter darüber. Das eigenhändige Zuschaufeln kann im Rahmen der Trauerfeier erfolgen. Ebenso ist es möglich, dass einige Freunde nach Absprache am Grab zurückbleiben oder zurückkehren und beim Zuschaufeln helfen. Bedenken Sie, dass das eine ordentliche körperliche Arbeit ist und dass der schwarze Anzug und die feinen Lackschuhe nicht die geeignete Kleidung dafür sind.

Wenn eine Urne in die Kammer einer Urnenmauer eingestellt wird, wird diese anschließend mit einer Platte verschlossen. Erkundigen Sie sich nach den örtlichen Gepflogenheiten und besprechen Sie mit dem Bestatter, ob es möglich ist, diesem Vermauern im Rahmen einer Abschiedsfeier beizuwohnen oder dabei mitzuhelfen. Lassen Sie sich nicht mit angeblichen »praktischen« Problemen abspeisen: Wenn die wenigen Zutaten für den Mörtel (Sand, Zement und Wasser) in abgemessener Menge vorbereitet werden, kann auch ein Laie ihn anrühren und die Steinplatte, unter Aufsicht, setzen.

All diese soeben geschilderten praktischen Tätigkeiten werden üblicherweise von den Bestattungsinstituten ausgeführt. Die Erfahrung der wenigen, die es anders machen, zeigt, dass es die Aktivität, das »Selber-Tun« ist, was den Abschied, den Tod auch körperlich begreifbar macht und später hilft, die Trauer zu bewältigen und mit dem Verlust zu leben.

Kleine Abschiedsfeier

Vor der Einäscherung, die im Rahmen einer anonymen Bestattung stattfindet, rate ich dazu, von dem Verstorbenen einen begreifbaren Abschied zu nehmen. Natürlich können Sie den Abschied am offenen Sarg einem ganz engen Kreis vorbehalten, aber überlegen Sie sorgfältig, ob es nicht noch einige Angehörige und Freunde mehr gibt, die den Verstorbenen ein letztes Mal sehen wollen. Teilen Sie diesen den Aufbahrungsort und die möglichen Besuchszeiten mit und geben sie gegebenenfalls einen Termin für ein kleines Abschiedszeremoniell bekannt.

Musterablauf
Ein solcher Abschied wird vermutlich ohne Musik stattfinden und kann folgende Elemente enthalten:
- Begrüßungsworte
- Vorlesen eines Textes, den der Verstorbene geliebt hat.
- Reihum benennt jeder eine wichtige Erinnerung an den Verstorbenen und schließt einen Wunsch für den Verstorbenen und/oder seine nächsten Angehörigen an.
- Alle fassen sich bei den Händen und halten sich.
- Stille, auch Weinen
- Abschieds- und Abschlussworte
- Jeder tritt noch einmal für sich vor den Sarg und verlässt anschließend den Raum.
- Anschließend gemeinsamer Spaziergang oder Essen

Zu dieser Feier passen ein Abschiedskuss auf die Stirn des Verstorbenen oder das gemeinsame Schließen des Sargs.

Ungewöhnliche Orte

Nach einer anonymen Bestattung können Sie Zeit und Ort der Trauerfeier unabhängig und einen Raum nach Ihrem Geschmack und Ihren Bedürfnissen wählen. Grundsätzlich können sie eine Trauerfeier überall abhalten, mögliche Orte sind:
- Gemeindehaus, Tagungsstätte, Vereinsheim
- Trauerraum beim Bestatter
- Nebenraum einer Gaststätte, Diskothek, Tanztreff
- Garten, freie Natur: Fluss, See, Strand, Berggipfel, Lichtung, großer Baum, Feldkreuz
- Zu Hause, Haus des Verstorbenen
- Internet

Ort und Abschiedsritual müssen zueinander passen: Kerzenrituale eignen sich in der Regel nur für Innenräume, wenn Sie ein großes Feuer entzünden wollen, müssen Sie ins Freie gehen. Eine Traueransprache auf einem Berggipfel wird vom Winde verweht, ein Rockkonzert auf dem Friedhof gestattet die Friedhofsordnung nicht, und ein Duft-Räucherwerk können Sie schlecht im Nebenraum einer Gaststätte entzünden.

Der Ort sollte dem Verstorbenen entsprechen, vielleicht sogar mit besonderen Erinnerungen an ihn verbunden sein: Ein Mensch, der Zeit seines Lebens im Sportverein aktiv war, kann auch im Vereinsheim betrauert werden. Die Idee »Diskothek« habe ich dem Buch »begraben und vergessen« entnommen, wo Trauernde begeistert eine solche Feier beschreiben: Vor Öffnung der Disko gab es eine geschlossene Veranstaltung, die dann in den allgemeinen Betrieb überging – die Teilnehmer der Trauerfeier waren an einem besonderen Armband erkennbar. Ein Beispiel für eine Internet-Trauerfeier finden Sie unter www.rpgwelt.de/Meridianswelt/Trauer/trauer.htm (Trauer auf Server 13).

Achten Sie bei aller Freiheit der Gestaltung auf eine gewisse Dramaturgie: Passen die Elemente zueinander? Passt die Feier zum Verstorbenen? Wird sein Geist lebendig, spürbar? Sind Anfang und Ende deutlich erkennbar? Wie entlassen Sie die Trauergäste? Achten Sie darauf, dass am Ende ein hoffnungsvolles, zukunftsorientiertes Wort oder Musikstück steht.

Leichenschmaus

Der Leichenschmaus, auch Totenmahl genannt, ist vor allem in ländlichen Regionen noch immer eine feste Einrichtung nach der Trauerfeier und Beerdigung. Er lenkt die Gedanken vom Jenseits zurück ins Diesseits. Essen ist etwas sehr konkret Lebendiges, alle Lebenden müssen essen.

Trauerfeiern bedeuten Anspannung und Konzentration, sie zehren an den Kräften. Das Essen stärkt den Körper, und die engen Angehörigen und Freunde werden nach dem schweren Gang nicht allein gelassen.

Gemeinsames Essen befreit, der Kopf ist gezwungen, sich mit etwas ganz Normalem, Alltäglichem zu beschäftigen.

Für einen Leichenschmaus nach einer größeren Trauerfeier müssen Sie Tische reservieren und möglicherweise auch eine Menüauswahl festlegen. Bedenken Sie zweierlei: Trauer schlägt auf den Magen, und oft sind viele der Trauergäste bereits älter. Wählen Sie leichtes, fettarmes, dafür vitamin- und eiweißreiches Essen. Die Alternative zum üppigen Leichenschmaus bilden Kaffee und Kuchen.

Wenn die Räumlichkeiten es erlauben oder die Gruppe nicht zu groß ist, können Leichenschmaus oder Leichenkaffee zu Hause oder in der Wohnung des Verstorbenen serviert werden. In vertrauter Umgebung lässt sich die Erinnerung an den Verstorbenen viel besser pflegen, die Tränen fließen leichter, und das Fotoalbum steht im Schrank nebenan. Zu Hause stören auch keine erschreckten oder neugierigen Blicke von anderen Gästen.

Wenn Sie zu Hause den Aufwand mit Kochen und Backen nicht betreiben wollen, lassen Sie sich von einem Party-Service beliefern: Dieser bringt auf Wunsch Besteck und Geschirr mit, übernimmt den Service und räumt am Ende alles weg.

Checkliste Trauerfeiern

Bedenken Sie immer: Sie sind sehr frei in der Gestaltung der Abläufe und sollten bei Zweifeln immer auf sich selbst hören. Was können *Sie* sich vorstellen, was tut *Ihnen* gut. Nehmen Sie Rücksicht auf die engsten Angehörigen und Freunde, aber ignorieren Sie getrost, was »man« Ihnen mit erhobenem Zeigefinger nahe legt. Haben Sie keine Scheu vor ungewöhnlichen Kombinationen: Sie können ein persönliches Ritual sehr gut in einen Gottesdienst einbauen, und es gibt auch Priester, die einen Verstorbenen, der aus der Kirche ausgetreten ist, und seine »ungläubigen« Angehörigen segnen. Dem Leichenschmaus kann ein gemeinsamer Gesang folgen. Oder ein Rundtanz, ein Abschiedstanz, der alle noch einmal in geordneter Form zueinander führt, bevor man auseinander geht. Wenn Sie die nachfolgende Liste durchsuchen, achten Sie nur darauf, dass Sie nicht zuviel machen und dass es an dem gewählten Ort auch praktisch durchführbar ist.

- Welche Voraussetzungen sind zu beachten?
  - Testament/Wünsche des Verstorbenen
  - Eigene Bedürfnisse, Größe der Trauergemeinde

- Wer gehört zum engen Kreis?
- Mit Urne, mit Sarg, ohne?
- Art der Feier
  - Abschiedsfeier am Aufbahrungsort
  - Trauerfeier im kleinen Kreis
  - Öffentliche/Große Trauerfeier
  - Trauergottesdienst, Grablegung, Gedenkfeier (siehe ab Seite 127)
- Wer organisiert die Trauerfeier?
  - Bestatter, Verwandte, Freunde, Pfarrer, Trauerredner, Sonstige
- Wo feiern Sie?
  - Aufbahrungsraum, Halle beim Friedhof/Krematorium
  - Raum/Saal beim Bestatter
  - Gemeindehaus, Tagungsstätte, Vereinsheim
  - Nebenraum einer Gaststätte
  - Am Grab
  - Garten, freie Natur
  - Zu Hause, Haus des Verstorbenen
  - Diskothek, Tanztreff, Jugendzentrum
  - Internet
- Aus welchen Elementen besteht die Trauerfeier?
  - Begrüßung
  - Gedichte/Zitate/Geschichten
  - Worte des Verstorbenen
  - Musik: Instrumental, Sologesang, alle singen
  - Rede(n)
  - Wünsche, Bitten, Gebet(e)
  - Ritual
  - Sarg/Grabbeigabe
  - Sarg verschließen
  - Trauerzug
  - Sarg/Urne tragen und ins Grab legen
  - Segen, Verabschiedung
- Wer gestaltet Teile der Trauerfeier?
  - Freunde/Verwandte und/oder Bestatter
  - Musiker, Redner, Kinder
  - Erzieher/Lehrer/Gruppenleiter
  - Geistlicher, Zeremonienmeister

Begrüßung

Ein kurzer, aber wichtiger Teil der Trauerfeier ist die Begrüßung. Wer die Grußworte spricht, sollte durch die gesamte Trauerfeier begleiten, das Wort an andere Sprecher abgeben, gegebenenfalls die Trauerrede selbst halten und die Trauergäste am Ende der Feier auch verabschieden und entlassen.

Die Begrüßung ist mehr als ein formaler Akt. Der Begrüßende versammelt die Konzentration der Anwesenden zu einer Gemeinschaft. Die ersten Sätze sind oft entscheidend für die Bereitschaft der Anwesenden, der folgenden Feierlichkeit mit allen Sinnen zu folgen. In der Begrüßung bereiten Sie die Menschen auf das Kommende vor. Das ist vor allem bei Trauerfeiern wichtig, die nicht nach einem bekannten Schema ablaufen, die ein ungewohntes Element enthalten oder bei denen Gäste ohne Bestattungserfahrung mit anwesend sind.

Vorbereiten bezieht sich auch auf die emotionale Seite der Trauerfeier: Die Begrüßung stimmt ein. Viele Menschen meinen, im Beisein von Anderen besonders beherrscht sein zu müssen. Doch eine Trauerfeier sollte auch Raum für Tränen bieten. Wenn Sie als Leiter der Feier in den ersten Worten schon Ihre Erschütterung, Ihre Betroffenheit und Trauer ausdrücken, dann erlauben Sie den Gästen dasselbe.

Ein wichtiger Punkt, der auch für die Trauerrede gilt, ist, den Verstorbenen beim Namen zu nennen. Der Name ist das individuelle Kennzeichen eines Menschen, Namen wecken in uns Bilder. Wenn Sie den Verstorbenen beim Namen nennen, holen Sie ihn in die Erinnerung aller Anwesenden und damit mitten in die Feier. Den Namen auszusprechen, ist schmerzhaft, aber den Namen zu vermeiden, ist eine vermeintliche Schonung, die die Feier anonymer macht und den Schmerz der Angehörigen nicht lindert. Wenn Sie den Namen meiden, schließen Sie den Verstorbenen von der Feier aus.

Musterbegrüßungen

Nachfolgend einige mögliche Begrüßungen, anhand derer Sie Ihre persönliche Begrüßung formulieren können. Schämen Sie sich nicht, die Worte vorher aufzuschreiben und, wenn nötig, auch abzulesen. Die eigenen und die Emotionen der Angehörigen können sogar versierte Profis aus dem Konzept bringen. Es hilft, wenn Sie den Text in der Hand halten und den Faden wieder aufnehmen können.

Kleine Abschiedsfeier am offenen Sarg

Liebe Verwandte, liebe Freunde,
wir haben uns heute hier verabredet, um ein letztes Mal Martina ganz nah zu sein. Am Ende werden wir gemeinsam den Sarg verschließen. Ich danke jetzt schon unserer Bestatterin, Frau …, dass sie diese ganze schöne Aufbahrung hier ermöglicht hat und uns Mut zugeredet hat, uns heute hier zu treffen.

Ihr wart ja alle die letzten Tage schon mal hier. Wir haben viel geweint, und wir werden wohl auch heute weinen müssen. Wenn Euch danach ist, lasst die Tränen fließen.

Wir wollen diese letzten Blicke auf Martina mit letzten Geschenken an sie verbinden, die wir ihr ins Grab mitgeben. Jede und jeder hat ja etwas mitgebracht: Ihr könnt nachher erzählen, was Ihr damit verbindet und warum Ihr es zum Abschiedsgeschenk für Martina auserwählt habt.

Zuerst hören wir jetzt ein Musikstück, das einzige klassische Stück, das bei Martina öfter lief: der Kanon von Pachelbel. Wir wollen ihn auch bei der Beerdigung morgen spielen.

Während wir die Musik hören, fassen wir uns bei den Händen, damit wir spüren, wir sind nicht allein.

Trauerfeier vor Verbrennung

Liebe Martha,
liebe Verwandte, liebe Kinder,
liebe Freunde, sehr verehrte Trauergemeinde,

wir sind heute hierher gekommen, um uns gemeinsam von Wilhelm Willemsen zu verabschieden. Von Opa Willem, wie ihn alle Kinder immer genannt haben.

Opa Willem war ein echter Schleswiger: Kantig und rau, wie die Arbeit und die Nordsee einen machen, aber ein Herz so weit wie der Blick vom Deich an einem windigen Sonnentag.

Er wünschte eine Seebestattung und wollte keine Trauerfeier in der Kirche. Das respektieren wir und freuen uns gleichzeitig, dass uns auch der Herr Pfarrer mit seiner Anwesenheit ehrt.

Opa Willem liebte Kinder und hatte bis zuletzt seine besondere Freude an ihnen. Deshalb haben wir Euch Kinder mit eingeladen, damit Ihr die Abschiedsfeier mit uns gestaltet. Ihr werdet Farbe und Leben hier herein bringen. Denn so traurig wir auch über den Tod sind, Opa Willem ist ganz ruhig gestorben, und darüber dürfen wir auch froh sein.

Zu Beginn werden wir jetzt ein Lied singen, das wir Erwachsenen meist als Kinderlied bezeichnen: »Der Mond ist aufgegangen.« Aber der Text ist auch für Erwachsene nachdenkenswert. Miriam, eine Enkelin von Willem, begleitet uns auf dem Harmonium.

Von der Verstorbenen festgelegte Trauerfeier

Liebe Verwandte, liebe Freunde!

Maria-Rosa ist tot.

Gestorben an Brustkrebs. Ich spreche das Wort hier aus, so hart es klingt, weil Maria-Rosa es so wollte. Sie wusste seit Monaten, dass sie daran sterben würde, dass die Diagnose, die Operation und die Therapien zu spät gekommen waren, dass ihr Kampf gegen die Krankheit aussichtslos war.

Maria-Rosa hat sich mit ihrem Tod auseinandergesetzt und ihn angenommen. An ihrem Krankenbett in den letzten Wochen haben wir viel über das Sterben gesprochen und über die Zeit danach. Sie war der Überzeugung, dass sie Teil eines großen Ganzen ist und dass die große Göttin die Lebensfäden in der Hand hält.

Den Ablauf ihrer Trauerfeier hat Maria-Rosa genau festgelegt: Wir werden einen Trauertanz erleben, den hoffentlich ganz viele von Ihnen und Euch mitgehen. Sie wusste, dass diese Feier für viele ihrer Angehörigen sehr ungewohnt sein würde, und hat mich gebeten, die richtigen Worte für die Trauergemeinde zu finden.

Uns verbinden der Schmerz und die Trauer um Maria-Rosa, um Rosmarie, wie sie in ihrer Familie heißt. Lassen Sie uns gemeinsam Abschied feiern von dieser starken, selbstbewussten Frau. Lassen Sie den Schmerz und die Wut zu: Warum gerade sie? Lassen Sie die Tränen fließen, wenn Ihnen danach ist.

Nachgeholte Trauerfeier

Liebe Gäste!

Heute vor vier Monaten ist Sven verunglückt. Die ersten Wochen waren für Euch, die Eltern, die Ehefrau, die Geschwister wie ein Film, in dem Ihr Euch selbst zuschaut. Als der Film zu Ende war, kam der Schmerz, kamen die Tränen, die Wut, die Enttäuschung und das Gefühl: Wir haben uns gar nicht richtig verabschiedet. Die Polizei, der Pfarrer, der Bestatter, die Beerdigung, wie fremdgesteuert.

Deshalb wollen wir heute eine Trauerfeier gestalten, in der wir noch einmal an Sven erinnern und uns ganz persönlich von ihm verabschieden. Es ist schön, dass so viele gekommen sind, die keine Angst vor der Trauer und den Tränen haben. Denn vier Monate sind eine kurze Zeit, wenn das Kind gestorben ist, das man mit großgezogen hat, wenn der mittlere Bruder herausgerissen ist aus der Geschwisterreihe, wenn der Ehemann verunglückt ist, mit dem man durchs Leben gehen und Kinder haben wollte.

In der Einladung haben wir Euch und Ihnen das Feuerritual schon erklärt, das wir hier im Garten zelebrieren wollen. Die ersten drei werden ihr Feueropfer mit einer kleinen Trauerrede verbinden, in der sie an Sven erinnern: Kai, sein Bruder, Alexander, sein Freund und Mannschaftskollege im Fußball, und Mario, sein Arbeitskollege.

Musik

Musik sollte zu fast jeder Trauerfeier gehören: Musik bildet einen natürlichen Auftakt, sie verbindet verschiedene Elemente der Feier, sie vermittelt zwischen Wort und Aktion und schließt die Feier ab. Sie führt die Konzentration der Menschen zusammen und lässt Stille einkehren. Musik spricht die Menschen emotional an: Sie kann Verspannungen lösen und Tränen fließen lassen. Sie kann freudig klingen und trösten. Musik hat eine ungeheure Bandbreite, so dass sie der Trauerfeier jeden gewünschten Charakter verleiht.

Wählen Sie die Musik für die Trauerfeier so, dass sie zum Verstorbenen passt. Am besten eine, die der Verstorbene liebte. Machen Sie sich bewusst, ob Sie die Musik so gut kennen, dass Sie das Passende aussuchen können. Musik ist in der Regel eine Generationenfrage.

Jugendmusik

Wenn beispielsweise ein junger Mensch verunglückt ist, sollten Sie Freunde und Geschwister mit einbeziehen.

Das ist sehr wichtig, weil der Tod in jungen Jahren immer ein schockierendes Ausnahmeereignis ist. Wenn es Ihr eigenes Kind ist, das Sie beerdigen müssen, lernen Sie im Kontakt mit den Gleichaltrigen noch einmal eine Seite Ihres Kindes kennen, die sich sonst oft außerhalb des Hauses abspielte und sich deshalb Ihren Blicken entzog. Diese Begegnung mit den Freunden ist schmerzhaft, sie erinnert Sie an das, was Sie verloren haben, aber Sie werden vermutlich auch erleben, wie ernsthaft und engagiert die jungen Menschen sich einbringen und Ihnen auch manches abnehmen. Das gibt Kraft.

Für die Altersgenossen des Verstorbenen bietet speziell die Mitwirkung auf musikalischem Gebiet die Chance, sich mit ihren Mitteln, ihrer Sprache, ihrem Lebensgefühl, das ja auch die Sprache und das Lebensgefühl des Verstorbenen war, einzubringen, an den Verstorbenen zu erinnern. In der Musik, im Organisieren und darüber reden können sie ihren Schock überwinden und aus dem Chaos der Trauer herausfinden.

Nun nehmen ja nicht nur Jugendliche an der Trauerfeier teil. Eine gewisse Rücksicht auf die gesamte Trauergemeinde ist zu nehmen. Erklären Sie den »Alten«, warum die »Jungen« diese Titel ausgewählt haben. Das können gut die Jugendlichen übernehmen, die auf diese Weise aktiv die Feier mitgestalten. Eine gute Brücke bildet das Übersetzen der meist englischen Texte: Original Songtexte finden sich im Internet unter www.lyrics.de. Ins Deutsche können die Jugendlichen selbst übersetzen, vielleicht mit Hilfe des Englischlehrers, der auf diese Weise mit dazu beiträgt, den Tod des Mitschülers zu verarbeiten. Der deutsche Text wird dann vorgelesen.

Pop, Jazz, Klassik, Volksmusik ...

Ich verzichte darauf, konkrete Songs vorzuschlagen: Es gibt eine unüberschaubare Vielfalt von Titeln, und wenn Pop, Rock, Hip-Hop, Punk, Techno ... angesagt sind, dann finden sich auch die Menschen im Bekanntenkreis des Verstorbenen, die sich damit auskennen und sich eine Auswahl zutrauen.

Dies lässt sich als Prinzip auf alle Musikrichtungen übertragen: Gleich welcher Musikrichtung der Verstorbene frönte, er wird Freunde, Angehörige und Bekannte haben, mit denen er diesen Geschmack teilte und die sich um diesen Teil der Trauerfeier kümmern können.

Wenn der Verstorbene nie Klassik hörte und auch Sie keinerlei Beziehung zur Klassik haben, will ich Sie ausdrücklich dazu ermuntern, die klassischen Pfade zu verlassen, die meist auf Trauerfeiern üblich sind: Als Jazz-Fan beispielsweise wissen Sie um die melancholischen Klangfarben des Saxophons, um die sanfte Kraft des Basses. Suchen Sie einen Saxophonisten, der bei der Trauerfeier improvisiert, ein Quartett, das die soulige Seite des Jazz beherrscht.

Wenn Sie Volksmusik lieben, kennen Sie womöglich eine

Gesangs- oder Instrumentalgruppe, die Sie zur Gestaltung der Feier heranziehen können: Von den Alpen bis zur Waterkant, von der Zither bis zum Akkordeon hat die volksmusikalische Literatur Stücke zu bieten, die dem Anlass angemessen sind.

Eine reiche Quelle an gehaltvollen Texten bieten die Liedermacher und Balladensänger. Die Palette reicht vom schwarzhumorigen Ludwig Hirsch über mehrgenerationentaugliche Sänger wie Reinhard Mey (Über den Wolken) bis hin zum Alt-Rocker Udo Lindenberg (Hinterm Horizont geht's weiter).

Vergessen Sie nicht den Blick in die persönliche Platten-, CD- oder Tonbandsammlung. Dort finden Sie, was der Verstorbene liebte. Waren es die alten Aufnahmen mit Hans Albers? Dann suchen Sie ein geeignetes Stück aus. Bekannte Lieder von Sehnsucht, Fernweh und Heimweh bekommen einen ganz neuen Sinn und Klang im Umfeld einer Trauerfeier … Und die Musik lässt die Erinnerung wach werden an fröhliche oder traute Stunden.

In Räumen, die speziell für Trauerfeiern gebaut wurden, ist meist eine Orgel vorhanden. Orgeln erlauben die ganze Bandbreite klassischer Musik und vieles darüber hinaus: Orgeln können einen meditativen Klangteppich legen, einen Instrumentalisten oder Solosänger begleiten oder der Trauergemeinde beim gemeinsamen Singen eine Stütze sein. Wo eine Orgel steht, wird auch der Kontakt zu Organisten vermittelt. Die Musiker haben ein gewisses Repertoire und können bei der Musikauswahl beraten. Bemühen Sie sich, Ihre Vorstellungen zu formulieren, denn wenn Sie fragen: »Was würden Sie denn vorschlagen?«, bekommen Sie natürlich das Gängige zu hören. Junge Organisten verfügen meist auch beispielsweise über Noten von bekannten Popsongs, die sich unter Umständen zum Mitsingen eignen.

Gemeinsames Singen

Das gemeinsame Singen in der Trauerfeier ist eine sehr schöne verbindende Erfahrung. Singen befreit, Singen im Chor vereint und stärkt. Allerdings nur, wenn wirklich eine gewisse Singbereitschaft und -fähigkeit vorhanden ist. Bevor Sie, weil

Sie selbst ein versierter Chorsänger sind, irgendwelche gemeinsamen Lieder einplanen, sollten Sie überlegen, ob Sie ausreichend viele Mitsänger haben oder ob Sie mit dem vermeintlich gemeinsamen Singen nicht die meisten ausschließen.

Singbare Lieder finden Sie in vielen Bereichen: Popsongs, Volkslieder, Liebeslieder, Spirituals, Kanons und auch Kinderlieder: »Der Mond ist aufgegangen« von Matthias Claudius sei hier nur ein Beispiel für ein bekanntes Lied, dessen Text gut zu einer Trauerfeier passt. Für das gemeinsame Singen sollten Sie die entsprechenden Noten und Texte verteilen.

Moll und Dur

Für eine Trauerfeier richtet sich der Blick immer auf traurige, getragene Stücke. Vergessen Sie die Freude nicht: Es muss nicht alles moll sein, es dürfen auch freudige, hoffnungsvolle Töne erklingen. Die Trauernden sind bedrückt genug, da muss man sie nicht zusätzlich mit schwerer Musik belasten. Mozart zum Beispiel hat zahllose Kompositionen geschaffen, die freudig, aber nicht lustig sind. Bach in seiner musikalischen Strenge hat etwas Absolutes, aber es ist sehr stark von der Interpretation abhängig, wie seine Stücke wirken.

Instrumentalmusik wirkt grundsätzlich neutraler, Gesang hat den Vorteil, dass auch der Text eine Botschaft enthält. Die übliche (klassische) Gesangsliteratur für Trauerfeiern ist stark kirchlich geprägt. Wenn Sie eine Trauerfeier ohne christlichen Aspekt planen, weisen Sie die Solisten darauf hin. Bei der Suche nach weltlichen Liedern ist mir aufgefallen, dass es oft Liebeslieder und Lieder über Natur und Blumen sind, die textlich passen. Wenn Sie selbst nicht über entsprechende Liederbücher verfügen, blättern Sie mit den Sängern gemeinsam in deren Notenmaterial. Wenn Sie ein Lied wegen seines Textes aussuchen, weisen Sie die Sänger darauf hin, dass Sie Wert auf die Verständlichkeit des Textes legen: Männer sind meist besser zu verstehen als Frauen, Altistinnen besser als Sopranistinnen.

Trauerfeiern sollten ein stilles, meditatives, zur Erinnerung und zum in sich Hineinhorchen anregendes Element enthal-

ten. Als musikalische Unterstützung bietet sich Meditationsmusik an. Die meisten dieser Stücke beanspruchen sehr viel
Zeit. Mit Meditationsmusik wird jeder im Trauerkreis mit sich
allein gelassen, und dann kann es passieren, dass die einen sich
zu weit aus dem Kreis entfernen, die anderen unruhig werden,
weil sie diese Stille nicht gewohnt sind. Wenn der Klangteppich von der Orgel oder anderen Live-Instrumenten gespielt
wird, ist das kein Problem, in diesem Fall können Sie die Zeit
vorgeben, in der Regel ein bis zwei Minuten. Wenn Sie von
CDs abspielen, brauchen Sie jemanden, der das Stück langsam
ein- und wieder ausblendet.

Als Meditationsmusik eignen sich auch Naturgeräusche.

Technische Aspekte

Viele Räume und Säle verfügen mittlerweile über Musik-
anlagen: Klären Sie deren Funktionsweise und Benutzbar-
keit, vor allem dann, wenn sie an unüblichen Orten feiern.
Fragen Sie, ob ein Techniker zur Verfügung steht, der die Anlage üblicherweise bedient und den Sie gegen Entgelt für die
Trauerfeier buchen können.

Rücksicht nehmen müssen Sie bei der Auswahl der Musik
auf die örtlichen und räumlichen Voraussetzungen. Bei Live-
musik sollten Sie immer überlegen, ob die geplante Musik im
Klangvolumen dem Raum angemessen ist: Eine Sopranistin
sprengt einen Raum mit niedriger Decke, eine Zither verliert
sich in einem Saal mit 200 Gästen.

Bei Trauerfeiern im Freien benötigen Sie unter Umständen
eine Anlage und damit einen Stromanschluss.

Trauerrede

»Ich habe das zum ersten Mal erlebt, dass ein Freund die Trauerrede gehalten hat, und ich muss sagen: Eigentlich sollte das immer so sein. Dass einer spricht, der den Verstorbenen wirklich gekannt hat. Das wirkt viel lebendiger. Man erinnert sich so richtig an ihn, wie er war, wie er wirklich war. Und man lernt noch nach seinem Tod Seiten an ihm kennen, die man vorher noch nicht kannte.«

Wer spricht auf der Trauerfeier?

Die Trauerrede ist der Mittelpunkt der Feier: Der Verstorbene wird noch einmal lebendig, die Konzentration aller Anwesenden beschäftigt sich mit ihm. Gleichzeitig soll die Rede die Trauernden trösten und stützen. Dieser zweite Aspekt ist besonders wichtig, wenn in der Trauerfeier kein anderes tröstendes Element enthalten ist, zum Beispiel ein Ritual oder ein Segen.

Professionelle Trauerredner
Wenn kein Pfarrer die Trauerfeier oder die Grablegung gestaltet, wird meist ein professioneller Trauerredner gebucht. Bestatter vermitteln entsprechende Kontakte. Freie Redner finden Sie auch im Internet unter www.batf.de, darunter viele Theologen. Diese sind gut geeignet, religiöse Bezüge fundiert einzubauen, ohne dass sie einer bestimmten Religion oder Kirche das Wort reden müssen.

Haben Sie keine Scheu, mehrere Redner anzurufen, wenn Ihnen einer schon am Telefon unsympathisch ist oder Sie das Gefühl haben, dieser möchte Ihnen seinen Stil aufdrücken. Es ist *Ihre* Trauerfeier, behalten *Sie* das Heft in der Hand. Vergessen Sie auch nicht, nach den Preisen zu fragen.

Vorbereitendes Trauergespräch

Die Informationen für seine Rede erhält der gebuchte Trauerredner beim Trauergespräch. Bereiten Sie sich auf dieses Gespräch vor: Machen Sie sich Notizen zu wichtigen Lebensstationen und -situationen, denn die Trauer ist eine Ausnahmesituation, und manches, was Sie selbstverständlich im Kopf zu haben glauben, ist plötzlich nicht mehr präsent. Ziehen Sie, wenn möglich, Angehörige oder Freunde zum Trauergespräch hinzu, denn so ergeben sich für den Trauerredner verschiedene Facetten des Verstorbenen. Bedenken Sie: Nur was Sie dem Redner erzählen, wird er auch weitergeben können. Seien Sie offen in diesem Gespräch, denn für den Redner als Außenstehenden ist es die einzige Möglichkeit, etwas über den Verstorbenen zu erfahren. Nur wenn er sich ein zutreffendes Bild machen kann, wird er eine ansprechende Rede halten. Berichten Sie dem Redner von Ihren Planungen zur Trauerfeier: Er soll ein Gefühl dafür bekommen, in welchem Umfeld, vor welchen Menschen er spricht, und den Stil seiner Rede dem anpassen.

Sagen Sie dem Redner auch, was sie *nicht* möchten: Sollen die Todesursache oder der Leidensweg bis zum Tod angesprochen werden? Sollen Elemente über Glauben, Gott und Jenseits enthalten sein? War Ihnen jemand in den vergangenen Tagen und Monaten eine besondere Hilfe, den Sie erwähnt haben möchten?

Verwandte oder befreundete Redner

Ein solches Trauergespräch kann auch die Voraussetzung für einen Redner aus dem Verwandten- und Bekanntenkreis sein. Viele lehnen die Rednerrolle ab: aus Angst, in Fettnäpfchen zu treten; mit der Begründung »Ich kann keine Ansprachen halten«; aus Furcht, die Stimme könnte am Grab, im Angesicht der Hinterbliebenen, versagen.

Letzteres ist nicht schlimm, es ist sogar normal. Die hörbare Betroffenheit ist keine Schande, im Gegenteil. Die Zuhörer spüren, wie nahe auch dem Redner der Tod geht, wie nahe ihm der Verstorbene stand. Die Worte bekommen eine Authentizität, eine Glaubwürdigkeit, die kein professioneller Redner je erreichen wird.

Ich möchte Ihnen Mut machen, Freunde oder Verwandte für

die Trauerrede zu gewinnen. Nur zu sehr vom Todesfall betroffen sollte der Redner nicht sein. Dann fehlen ihm die Zeit, die Kraft und auch die notwendige Distanz, die Rede vorzubereiten und zu halten.

Entlastend und ermutigend für einen ungeübten Redner kann sein, wenn er sich die Aufgabe mit ein bis drei anderen Rednern teilt: So müssen die einzelnen Reden nicht so lang sein, und aus den verschiedenen Inhalten und Vortragenden ergibt sich ein rundes Gesamtbild des Verstorbenen. Die Redner sollten sich miteinander absprechen, damit nicht dieselbe Anekdote und die Lebensdaten mehrmals erzählt werden.

Generelle Regeln für den »richtigen« Trauerredner gibt es nicht. Wenn eine Frau im hohen Alter stirbt, wird ihr Mann nicht der geeignete Redner sein, aber eines ihrer Kinder oder eine Lieblingsnichte können dieses Amt übernehmen, oder ein Freund derselben. Schauen Sie sich bei der Suche nach einem Redner auch im alltäglichen Umfeld des Verstorbenen um: die Nachbarin, ein langjähriger Kunde, der ehemalige Kollege. Das sind Menschen, an die die engsten Verwandten oft nicht denken.

Was sagt man? Was sagt man nicht?

Machen Sie sich als Redner bewusst, wen Sie ansprechen wollen. Den Verstorbenen? Das können Sie zum Teil, aber vergessen Sie nicht, dass die Lebenden vor Ihnen stehen und von Ihnen etwas erwarten. Was erwarten sie –Trost? Vergegenwärtigen Sie sich: Die da trauern, sind untröstlich, denn das, was passiert ist, ist endgültig. Der Verstorbene kommt nicht zurück.

Erinnerung
Was Sie geben können, ist Erinnerung. Erinnerung ist eine Hilfe zum Abschiednehmen, denn Erinnerung sagt einerseits, wie schön es war, es macht Bilder lebendig und holt den Verstorbenen zurück. Andererseits richtet sich Erinnerung immer auf etwas Vergangenes, etwas, was vorbei ist, unzweideutig, da ist keine Hoffnung mehr, dass es wiederkommt. Damit ist die Erinnerung eine Botschafterin des Abschlusses. Nur wenn

Trauernde irgendwann wirklich loslassen und Abschied nehmen, können sie wieder ins Leben zurückkehren und sind offen für neue Freuden. Die Trauerrede ist also eine *Erinnerungsrede* über den Verstorbenen für die Lebendigen.

Als Redner haben Sie die Aufgabe, an den Verstorbenen, so wie er lebte, zu erinnern. Flüchten Sie sich dabei *nicht* in allgemeines Datenwerk: Geboren, eingeschult, Schulwechsel, Ausbildung – nennen Sie nur wirklich wichtige Lebensdaten, die das Leben des Verstorbenen geprägt haben. Zahlen sind steril und unpersönlich: Exakte Datumsangaben sind meist unerheblich, Einordnung wie »als Jugendlicher«, »nach dem Studium« oder »als die Kinder aus dem Haus waren« reichen aus.

Verknüpfen Sie Lebensdaten mit Geschichten und Erlebnissen, die den Verstorbenen so zeigen, wie er war. Es ist Ihre Aufgabe als Redner, die Einmaligkeit des Verstorbenen herauszustellen. Trauen Sie Ihrer Erinnerung, und beschreiben Sie so konkret wie möglich. Mögliche Elemente sind:

- Typische Aussprüche
- Seine Sprache/Aussprache, charakteristische Gesten
- Äußere Erscheinung (auch Details: Die Strubbelhaare, die akkurat gebügelten Hemden, die poppig lackierten Fingernägel …), sein Stil
- Produkte (bei Handwerkern, Künstlern, Schaffenden)
- Erfolge
- Seine Ideen (Vorsicht: In der Rede nicht zu hochfliegend werden)
- Umgang mit Menschen
- Herausragende Eigenschaften
- Lieblingsbeschäftigungen
- Kennzeichnende Anekdoten
- Gemeinsames Erlebnis, das sich Ihnen eingeprägt hat
- Letzte Begegnung
- Berührungen (die Enkelin erzählt zum Beispiel, wie der Bart kratzt, der Mannschaftskollege beim Fußball vom Drängeln in der Mauer)
- Auch Fehler und Laster

Die Schattenseiten

Kein Mensch hat nur helle Seiten, es gibt immer auch die dunklen. Das Bild wird erst lebendig und glaubhaft, wenn Sie beide Seiten der Medaille beschreiben. Gerade die schweren Zeiten im Leben prägen und verändern einen Menschen. Auch der Umgang mit einem Fehler, den der Verstorbene gemacht hat, oder sein Verhalten nach einem Streit charakterisieren ihn. Zudem wandeln die nervigen Eigenheiten nach dem Tod ihr Gesicht: Ober-Ordnungssinn, Schlamperei, Besserwisserei, Unentschlossenheit, den anderen ins Wort fallen, Krittelei – im Nachhinein fehlen sie geradezu. Das darf und soll in einer Trauerrede auch gesagt werden.

Philosophie und Jenseits

Wenn Sie nicht Philosoph sind und der Verstorbene es vielleicht auch war, hüten Sie sich in der Trauerrede vor hochtrabenden Allgemeinplätzen und wählen Sie eine Sprache und Ausdrucksweise, die Ihnen vertraut ist. Es ist nicht glaubwürdig, wenn Sie sich irgendwoher kluge Worte abschreiben, damit Ihre Rede toll klingt. Ihre Rede ist keine Selbstdarstellung, sondern ein Dienst am Verstorbenen und an der Trauergemeinde.

Bleiben Sie ehrlich. Nur wenn Sie *wirklich* das Gefühl haben, der Verstorbene hat seine Ruhe gefunden, er fühlt sich in einem Jenseits geborgen, nur dann sollten Sie dafür nach Worten suchen. Die können ganz einfach sein, vertrauen Sie darauf: Ehrliche, einfache Worte wirken.

Vermeiden Sie in Ihrer Trauerrede weltanschauliche Konfrontationen und Fettnäpfchen. Es ist nicht angebracht, dass Sie Ihren Freigeist demonstrieren, wenn der Verstorbene trotz Kirchenaustritt im christlichen Glauben verhaftet war. Sie verletzen Trauernde, wenn Sie vom Paradies schwärmen, und diese glauben an Wiedergeburt. Philosophische Anschauungen und Jenseits-Gedanken sollten nur in Ihrer Rede enthalten sein, wenn Sie sicher wissen, was seine Überzeugung war, und dass er in dieser Überzeugung gestorben ist.

Hüten Sie sich vor Mitleid. Mitleid ist eine Form des Egoismus: Mitleid heißt: *Ich* leide mit Euch, *mir* geht es schlecht.

Zeigen Sie statt dessen Mitgefühl: Vermitteln Sie mit Ihrer Ansprache den unmittelbarst Betroffenen, dass Sie mitfühlen, dass Ihnen der Tod und die Betroffenheit der Nächsten nahe gehen. Versichern Sie Ihr Mitgefühl, bieten Sie Ihre Hilfe an und zeigen Sie Wege zur Hoffnung, Wege in die Zukunft, die in dieser Zeit so völlig trostlos aussieht.

Technische Tipps für Redner

Es gibt viele gute Bücher für Redner über Reden. Leider musste ich feststellen, dass sie beinahe durchweg versagen, wenn es um Trauerreden geht. Sie sind ein Spiegelbild unserer Gesellschaft, die den Tod verdrängt. Sie wollen trösten, wo kein Trost ist. Sie listen Lebensdaten auf, wo ein Mensch gelebt hat. Sie sind betulich statt ehrlich. Sie reden um den Tod herum, anstatt »das Unausweichliche« beim Namen zu nennen. Auch die meisten Pauschaltipps taugen nicht: Es ist beispielsweise nicht notwendig, sich durch irgendwelche Gags die Aufmerksamkeit der Zuhörer zu sichern.

Die Trauerrede ist sicher eine der schwersten, weil eine der persönlichsten Reden. Eine Grundregel gilt aber auch hier: Reden Sie nicht zu lange. Für mehrere Redner sind je drei Minuten angemessen, für einen Hauptredner bis zehn Minuten.

Diese zeitliche Begrenzung erfordert Mut zum Weglassen: Suchen Sie nach dem Typischen, greifen Sie Exemplarisches heraus. Eine Trauerrede kann niemals das ganze Leben und alle Facetten wiedergeben. Wenn Ihr Redenentwurf zu lang geworden ist und Sie nicht wissen, was Sie weglassen wollen, denken Sie an die nächsten Angehörigen und Freunde: Was ist für sie wichtig, was spricht sie an, was hilft ihnen. Nehmen Sie keine Rücksicht auf »was man sagt«, und nehmen Sie auch sich selbst zurück: Trennen Sie sich von Passagen, die Sie geschrieben haben, weil sie toll klingen oder weil Sie selbst sich in ein positives Licht stellen wollen.

Anfang und Ende

Die beiden schwierigsten Fragen sind: Wie fange ich an? Wie höre ich auf? Vergessen Sie eine förmliche Begrüßung und streichen Sie bei der Anrede alle Honoratioren und Floskeln.

Sprechen Sie die nächsten Betroffenen als erstes und direkt an, am einfachsten mit einem »Liebe/Lieber«. Wenn Ihnen das zu vertraulich erscheint, zum Beispiel wenn der Verstorbene ein Mitarbeiter von Ihnen war, genügt ein »Verehrte/Verehrter«. Begrüßen Sie alle anderen Anwesenden pauschal: »Verehrte Trauergemeinde« oder »Liebe Freunde, liebe Verwandte«.

Für den Einstieg in die Rede gibt es viele Möglichkeiten:

- Unmittelbare eigene Betroffenheit
- Zitat des Verstorbenen
- Zitat oder Gedicht
  Sie können Ihre Rede mit einem Gedicht oder Zitat beginnen und dann erst die Trauernden ansprechen. Den kurzen Einstiegstext kann auch eine zweite Person, etwa ein Kind, vorlesen, und Sie knüpfen mit Ihrer Rede an. Anregungen für Zitate und Gedichte finden Sie ab Seite 138.
- Ein gemeinsames Erlebnis, Szene aus den letzten Tagen, die letzte Begegnung
- Bitte *nicht*: »1936 wurde Anna Braun als drittes von vier Kindern geboren. Vater Hans war Schlosser, Mutter Elisabeth Hausfrau. Eingeschult ...«

Der Abschluss einer Trauerrede ist sehr schwer, denn in uns wehrt sich alles, nach den Erinnerungen, die wir lebendig werden ließen, nun das Ende zu akzeptieren. Haben Sie den Mut, Worte wie »sterben« und »Tod« auszusprechen. Üben Sie diese Passage zu Hause, sprechen Sie sich das Ende der Rede laut vor.

»Tot« tut weh, es ist ein kurzes, dunkles, absolutes Wort. Sie sollten dieses harte Wort nicht meiden, sondern es sehr bewusst und vorsichtig aussprechen. Denken Sie daran, dass Trauernde nur einen Weg in die Zukunft finden werden, wenn sie den Abschied akzeptieren. Beschließen Sie Ihre Trauerrede nicht in der Vergangenheit und beim Tod, sondern weisen Sie einen Weg in die Zukunft, zur Hoffnung. Möglichkeiten dafür sind:

- »Beileidsbezeugung« – Mitgefühl ausdrücken
- Gedicht oder Zitat mit Hoffnungs- oder Zukunftsaspekt
- Konkretes, persönliches Hilfsangebot
- Wünsche für und an die Hinterbliebenen

- Mut und Hoffnung machen aus eigener Trauererfahrung heraus

Äußere Gestaltung

Professionelle Redner arbeiten ihre Rede oft schriftlich aus und händigen sie danach den Angehörigen aus, zum Teil auf schönem Papier, stilvoll gestaltet. Ein wertvolles Erinnerungsgeschenk, das auch einen tieferen Sinn hat. Die nächsten Betroffenen erleben oft alles durch einen Trauerschleier, sind so sehr im Trauerchaos gefangen, dass sie Worte kaum mehr aufnehmen. Es hilft, wenn sie später die Rede nachlesen können.

Auch Redner aus dem Verwandten- und Freundeskreis sollten die Rede aufschreiben. Bei der Trauerfeier herrscht eine andere Stimmung als zu Hause, wo Sie sich in aller Ruhe die richtigen Worte überlegt haben. Wenn Sie zwischendurch einen Kloß im Hals haben oder Tränen in die Augen steigen: Das Ablesen hilft, nicht den Faden zu verlieren. Deshalb sollten Sie Ihr Redemanuskript nicht in zu kleiner Schrift schreiben. Mit der Rede in Händen sind außerdem Ihre Hände beschäftigt. Gerade ungeübte Redner haben häufig das Problem: Wohin mit den Händen?

Überreichen Sie die Rede anschließend oder auch in den folgenden Tagen den nächsten Angehörigen oder Freunden. Es ist sinnvoll und ästhetisch, der Trauerrede einen Halt zu geben, sie zu binden, wie ich das beim Kapitel Texte für Trauerfeiern (Seite 136 ff) beschrieben habe.

Musterreden

Mutter und Großmutter

ZIEHENDE LANDSCHAFT

Man muss weggehen können
und doch sein wie ein Baum:
als bliebe die Wurzel im Boden,
als zöge die Landschaft und wir ständen fest.
Man muss den Atem anhalten,
bis der Wind nachlässt

und die fremde Luft um uns zu kreisen beginnt,
bis das Spiel von Licht und Schatten,
von Grün und Blau
die alten Muster zeigt
und wir zu Hause sind,
wo es auch sei,
und niedersitzen können und uns anlehnen,
als sei es an das Grab
unserer Mutter.

Hilde Domin

Lieber Wilhelm, liebe Maria, lieber Rainer!

Eure Mutter ist tot. Ihr, wir alle mussten damit rechnen, sie war lange krank. Aber jetzt, wo wir hier stehen, beherrscht uns doch der Schmerz. Mit meiner Ansprache möchte ich versuchen, ihr langes und reiches Leben ein wenig zu verewigen.

Liebe Verwandte, liebe Freunde, verehrte Trauergemeinde!

Maria … wurde im Sudetenland geboren. Ein Geburtsort, mit dem ihr die Vertreibung in die Wiege gelegt wurde. 29 Jahre alt war sie, zwei kleine Kinder und schwanger, als sie sich auf den Weg in eine ungewisse Zukunft machen musste. Die Älteren unter Ihnen können zum Teil nachvollziehen, was für enorme Belastungen das waren.

Nach dem Anfang am absoluten Nullpunkt war für Maria … immer das feste Dach über dem Kopf das Wichtigste: für sich und für ihre Lieben. Das zieht sich durch ihr Leben wie ein roter Faden.

Sie hatte das Glück, dass ihr Mann bald aus der Gefangenschaft heimkam. Der gelernte … machte sich mit seinem Handwerk selbstständig, und für Maria war es selbstverständlich, dass sie ihm und nach seinem Tod Dir, Wilhelm, im Büro half. Was heißt überhaupt Büro: Eine Baracke war es, mit einfachsten Mitteln errichtet, in der das Werkzeug und das Material lagerten und wo ein Bollerofen heizte. Davon hat sie oft erzählt: Es war, wenn auch aus Blech, das erste Dach über dem Kopf, bei dessen Bau damals auch Maria mithalf.

Das nächste Dach, das Maria mit eigenen Händen mit deckte, war das Dach des Hauses, in dem sie bis zuletzt wohnte. Dieses Haus in der Siedlungsstraße 1 war das erste Siedlerhaus in Neu... Damals halfen sich alle gegenseitig, und dieser Zusammenhalt war ihr ein wichtiger Wert, den sie sowohl in der Nachbarschaft als auch in der Familie hoch hielt. Wer etwas brauchte: Zu Maria ... konnte er immer kommen.

Wieder ein Dach gab es zu decken, als die Kinder selbst Familien gründeten: Die Siedlungsstraße 1 wurde aufgestockt und angebaut, und am liebsten hätte Maria ... alle Kinder und Enkel in diesem Haus behütet, aber Wilhelm, der im Handwerksbetrieb den ganzen Tag mit der Mutter zu tun hatte, war in weiser Voraussicht ausgezogen. Ihre bemutternde Art hatte auch etwas Bevormundendes, was Du, Maria, als Tochter am deutlichsten gespürt hast.

Lange konnte sie nicht verstehen, warum ausgerechnet Du als ihre Tochter so ganz andere Wege gingst, kein Heim in ihrem Sinne gerichtet und Arbeit in einer fremden Stadt gesucht hast.

Das hat sie manch graues Haar gekostet, und als dann in dieser für sie so konfliktreichen Zeit auch noch ihr Mann starb, stand sie wieder vor einem vermeintlichen Nichts.

Aber es ist ihre Stärke, ihr unbändiger Lebenswille, der uns heute bewundernd zurückschauen lässt. Sie hat in der Trauer um den Mann die Tochter wieder gefunden, und die letzten Jahre habt Ihr viel miteinander unternommen: Urlaubsreisen, die sie sich früher nie gegönnt hätte, Besuche bei Dir im fernen Berlin, wo sie sich auch unter einem fremden Dach allmählich heimisch fühlen konnte.

Gestorben ist sie zu Hause, in der Siedlungsstraße 1, unter dem Dach, das sie selbst zweimal mit gebaut hat. Ich sehe es als glückliche Vollendung ihres Lebens, dass alle drei Kinder in der Todesstunde bei ihr waren. Auch wenn sie schwer krank war, bin ich mir sicher, dass sie Eure Gegenwart gespürt hat und in Frieden gestorben ist.

Behaltet sie in Erinnerung, wie sie war: eine starke, eine aktive, eine fleißige Frau. Sie hat im Leben vieles wegstecken müssen, aber sie hat es immer wieder geschafft, Oberwasser zu behalten und Neues zu lernen. Ich wünsche Euch für Eure Trauer, dass die Mutter Euch diese Kraft vererbt hat und dass Euch die Gemeinschaft die Kraft zum Weitergehen gibt.

Vater

Liebe Freunde, liebe Angehörige!

Bei der Vorbereitung dieser Ansprache bin ich bei Pierre Stutz, einem Schweizer Theologen, auf einen Satz gestoßen, der mich nicht mehr losgelassen hat: »*Jeder Mensch kommt als Original zur Welt, leider sterben zu viele als Kopie.*«

Nein, eine Kopie war Achim Kohler nicht. »*Ako*« *ist ein Original geblieben, ist sich selbst treu geblieben. Er hat sich wenig darum geschert, was man tut, und deswegen stehen wir heute auch nicht in einer Kirche, sondern in diesem wunderschönen Saal: Das hat er in seinem Testament so bestimmt. Deshalb spielt hier eine Jazzband, deren Mitglieder er kannte, obwohl sie alle seine Kinder sein könnten. Jazz, diese Musik, die wie keine andere der Individualität Raum gibt, war seine Musik. Und als vorher der Pianist improvisierte, da habe ich mich so schmerzlich an ihn erinnert, dass es kaum auszuhalten war. Bis vor wenigen Jahren hat er selbst am Klavier improvisiert. Als die Hände nicht mehr mitmachten, legte er alte Platten auf.*

Haben Sie auch das Bild im Kopf, wenn er mit gebeugtem Rücken vor dem honigfarbenen Schrank mit den Glastüren stand und eine Platte suchte? Er wiegte den Kopf hin und her, summte eine Melodie, klopfte einen imaginären Rhythmus mit den Fingern? Dann nahm er die Platte wie einen Schatz aus ihrer Hülle, säuberte sie mit dem Tuch und legte sie auf den Plattenteller. Ich sehe ihn genau vor mir, wie er die ersten Takte abwartete, und dann breitete sich dieses Strahlen auf seinem Gesicht aus, das halb nach innen und halb zu den anderen Zuhörern gewandt war: »*Ja, das ist Musik!*«

In seiner Jugend kannte Ako keinen Jazz. Er wuchs im Dritten Reich auf. Statt Ausbildung erlebte er den Krieg: Das prägt. Nach dem Krieg die amerikanische Besatzung, das prägte ihn auch: Denn da lernte er den Jazz kennen.

Seiner geliebten Frau begegnete er beim Jazz. Im Betrieb gründete er eine Jazzband, und selbst in den Zeiten, in denen er Karriere machte, wie man das heute sagt, und viel unterwegs war, suchte er auf seinem Weltempfänger Jazzsendungen.

Ich erlaube mir hier einfach den Vergleich: So eckig und kantig der Jazz oft ist, so rau, aber immer ehrlich war auch Ako.

Jazz ist keine einfache Musik, und einfach war Ako auch nicht: Von Martin, Rita, Anna und Wolfgang weiß ich, dass er ein strenger Vater war, der hohe Ansprüche stellte. Er war stolz auf Euch, dass »aus allen was Ordentliches geworden ist«. Zu hören bekamen das nur andere, Ihr selbst fast nie. Aber wenn es Probleme gab, war er immer da: Womöglich polterte er vorher, ließ seinem Unmut über soviel »jugendliche Dummheit« freien Lauf, aber er half immer: mit Ratschlägen, mit seiner Erfahrung, mit seinen vielen Verbindungen und auch mit Geld.

Seine weiche, liebe Seite erfuhren erst die Enkel, die er liebte und verwöhnte: Das gab er auch ganz offen zu. Als Opa betrachtete er es als sein Recht, die Kinder zu verwöhnen. Für die Strenge seien »die Jungen« zuständig, erklärte er mir einmal an einem Sommernachmittag, an dem er mit den Kindern zum Eis holen gefahren war und mit riesigen Bechern zurückkam.

Die letzte harte Erfahrung, die ihn das Leben machen ließ, war Barbaras Tod. Sie starb vor zwei Jahren, innerhalb weniger Wochen. Ich glaube, und die Kinder haben mir das in Gesprächen in den letzten Tagen bestätigt, mit Barbara wurde ihm der Lebenswillen genommen. Er hatte 50 Jahre mit ihr gelebt, und trotz Alltag und viel Arbeit hatten sie eine Zärtlichkeit füreinander bewahrt. Ich habe es immer wieder erlebt, dass sie seinen Poltergeist besänftigen konnte.

Außer der Musik, die sie beide liebten, wissen wir nicht genau, was die beiden innerlich verbunden hat, aber es war viel. Diese lebenslange Liebe ist heute keine Selbstverständlichkeit. Viele Ehen wirken auf mich wie Gewöhnung, wie Abhängigkeit. Aber Barbara und Ako, das war ein altes Ehepaar, das wirklich miteinander lebte. Jetzt sind sie im Tod wieder vereint.

Allen Trauernden, besonders Euch vier Kindern und Euren Partnern und Kindern möchte ich als Trost diese Erinnerung an Eure beiden Eltern ans Herz legen. Tragt ihre Liebe weiter, so gut Ihr könnt. Ich wünsche Euch, dass daraus die Kraft wächst, die Euch durch den Schmerz und die Tränen trägt.

Plötzlicher Tod
Für Anita

Lieber Heimold, liebe Freunde!

Wir sind alle fassungslos, betäubt. Anita ist tot. Gestorben an einem wunderschönen Sommertag, beim Baden. Da packen einen Wut und Angst und die Frage nach dem Warum, aber wir wissen alle: Das nützt nichts.

Was mir bleibt, ist neben den anderen Rednern einige wenige Erinnerungen beizusteuern.

Anita. Bei ihrem Namen entsteht in mir ein so ungeheuer positives, lebensfrohes Bild. Sie erzählte, diskutierte und vor allem: Sie lachte so gerne. In ihrer ganzen Leibesfülle saß sie da, und der ganze Körper lachte.

So wichtig Anita ihre Kleider, ihre Hüte, ihre Taschen waren, war sie doch gewiss kein oberflächlicher Mensch. Sie stand mitten im Leben, sie war gescheit und handfest. Wie oft sind wir nach dem Essen gesessen und haben diskutiert über Gott und die Welt und vor allem über die Menschen: Über Liebesleid, Geld und Probleme. Oft war es Anita, die tausend Erklärungsversuche ohne Wenn und Aber auf den Punkt brachte. Sie ließ sich nicht täuschen von Ausreden und Pseudoargumenten, sondern fragte zielsicher nach dem Kern des Problems.

Ich kenne nicht Anitas Innerstes, aber sie war mit sich selbst im Reinen. Sie ruhte in sich, sie wusste, was sie wollte, und sie war zufrieden mit ihrem Leben.

Anitas allzu früher Tod macht uns allen bewusst, dass unser Leben endlich ist und dass keiner weiß, wann seine letzte Stunde kommt. Da kann sich keiner davonstehlen, und da können wir uns nicht rausreden.

Lieber Heimold!

Ich, und ich denke wir alle hier, würden Dir gerne helfen, Dich trösten und am allerliebsten das Rad zurückdrehen. Es geht nicht. Wir können Dir keine Anita sein, aber ich wünsche Dir, dass ihre Liebe und ihre Energie Dich durch schwere Zeiten führen. Und ich wünsche, dass von den vielen Freunden, die heute hier sind, immer einer da ist, wenn Du einen brauchst.

Tod nach langer Krankheit

DIE EINE KLAGE

Wer die tiefste aller Wunden
Hat in Geist und Sinn empfunden,
Bittrer Trennung Schmerz;
Wer geliebt, was er verloren,
Lassen muss, was er erkoren,
Das geliebte Herz.

Der versteht in Lust die Tränen
Und der Liebe ewig Sehnen,
Eins in zwei zu sein,
Eins im andern sich zu finden,
Dass der Zweiheit Grenzen schwinden
Und des Daseins Pein.

Wer so ganz in Herz und Sinnen
Konnt' ein Wesen lieb gewinnen,
Oh! Den tröstet's nicht,
Dass für Freuden, die verloren,
Neue werden neu geboren:
Jene sind's doch nicht.

Das geliebte süße Leben,
Dieses Nehmen und dies Geben,
Wort und Sinn und Blick,
Dieses Suchen und dies Finden,
Dieses Denken und Empfinden
Gibt kein Gott zurück.

Liebe Brigitte, lieber Heiko, lieber Christian!
Liebe Angehörige und Freunde! Verehrte Trauergemeinde!

Caroline von Günderode dichtete die Zeilen, die ich eingangs verlesen habe. Sie lebte im 17. Jahrhundert, doch ihr lyrisch verdichteter Schmerz ist gültig bis heute für alle, die einen geliebten Partner verlieren.

Lyrik war in Thomas' Leben immer wichtig. Schon in unserer gemeinsamen Schulzeit dichtete er. Mädchen, die es ihm angetan hatten, schickte er Gedichte. Die Berufswahl war nur folgerichtig: Er studierte Germanistik und nahm die Geschichte als zwei-

tes Fach dazu, weil er Lehrer werden wollte. Ich als Ingenieur habe ihn immer mal auf den Arm genommen als »faulen Lehrer«, doch damit wird man ihm, so glaube ich, nicht gerecht.

Es war ihm ein Anliegen, seinen Gymnasiasten Deutsch zu vermitteln, nicht nur als Lehrstoff, sondern als wunderbare Sprache. Das Bewusstsein für die Geschichte im Allgemeinen und die Literaturgeschichte im Besonderen entsprach seiner Überzeugung, dass der Mensch ein geschichtliches Lebewesen ist, dass er eine Vorgeschichte hat und dass er etwas bewirkt, etwas nach sich zieht.

Sein besonderes Anliegen war die Lyrik. Ich wäre gerne mal Mäuschen gewesen, wenn er seine Schüler mit Gedichtanalyse plagte. Manchmal hat er das mit Selbstironie geschildert, aber viel wichtiger als die träge Masse waren ihm die wenigen Schüler im Laufe seines Lebens, bei denen er Begabung und Sehnsucht spürte, die mit Textentwürfen zu ihm kamen und um seine Meinung baten. Das hat er sich nie leicht gemacht und mit den jungen Literaten manchen Nachmittag in der Schule verbracht, diskutiert, Feinheiten aufgespürt.

Doch was wären seine Gedichte, seine Texte ohne die Musik. Ein Schlüsselerlebnis war sein erstes Liedermacherseminar, das er vor etwa 20 Jahren besuchte. Seitdem schrieb er Lieder und begleitete sich mit der Gitarre: nachdenkliche, leise Lieder mit bewusst gewählten Worten, Wortspielereien. Die alltägliche Absurdität bewegte ihn, der Verlust der traditionellen Werte, der wachsende Individualismus, der nur nimmt und nicht gibt. Aber es gibt auch fröhliche Tanz- und Trinklieder, in der Tradition der Barden und Troubadoure – und hier schließt sich der Kreis zur Geschichte. Die Musikgeschichte, nicht Beethoven und Bach, sondern die Musik des einfachen Volkes interessierte ihn und fand ihren Niederschlag in den Kompositionen.

Thomas' Leben verlief nicht ohne Ecken und Kanten, aber typisch für ihn war, dass er in großen Krisen immer still wurde. Das wichtigste Beispiel scheint mir seine Scheidung zu sein: Nach knapp zwanzig Jahren trennte er sich von Marina so still, dass ich, und nicht nur ich, sondern viele andere Freunde auch, große Probleme hatten, das zu akzeptieren. Wir meinten, wer sich so sachlich trennen kann, der muss doch auch zusammen bleiben können, aber da war kein Weg für ihn.

Für Euch, Heiko und Christian, die Ihr damals Teenager wart, war das keine leichte Zeit: Der eine bei der Mutter, der andere beim Vater. Aber er hat seine Rolle als Vater ernst genommen und wollte auch die Mutter nicht aus ihrer Rolle drängen.

Brigitte, Du warst für Thomas seit 17 Jahren kreative Partnerin und geistiger Gegenpart. Seine Mittel waren die Musik und der Text, Du bist die Malerin: Eure große Altstadtwohnung war ein Hort der Kreativität: Bei Euch standen die Türen immer offen, was man beizutragen hatte, brachte man mit: ob ein neues Buch, die Einladung zu einer Vernissage oder die Flasche Wein zum Abendessen.

Es gehört zu den besonderen Erfahrungen meines Lebens, dass das auch so blieb, als Thomas krank wurde. Den ersten Monaten der Therapien und Nebenwirkungen folgte die Gewissheit, dass er sterben wird. Thomas hat das akzeptiert, aber er hat sich nicht aufgegeben. Er hat sein Leben gelebt bis zum Schluss.

Brigitte, Du hast Thomas bis zuletzt gepflegt, und Du warst auch dabei, als er zu Hause starb. So schwer ein solcher Abschied wie heute fällt, ich fühle mich ganz nah bei Thomas; und ich glaube, vielen von Euch, die in den letzten Wochen immer wieder bei ihm waren, geht es ähnlich. Sein Sprechen über seinen Tod hat es uns ermöglicht, rechtzeitig Abschied zu nehmen.

Mein abschließender Wunsch, meine Botschaft in Thomas' Sinn ist: Seid offen, seid ehrlich zueinander. Schaut hinter die Oberfläche in das Herz der Menschen und schaut in Euer eigenes Herz. Lebt Euer Leben und umgebt Euch mit Menschen, die in Eurem Sinne sind. Dann habt Ihr auch in schweren Stunden wie heute viele, die mit Euch Trauer und Tränen aushalten.

Großmutter
Für Anna

Liebe Verwandte, liebe Nachbarn, liebe Trauergemeinde!

In diesem sicher ungewohnten Rahmen für eine Trauerfeier haben wir drei Enkeltöchter uns entschlossen, die Trauerrede aufzuteilen und jede einen Aspekt aus dem Leben unserer Oma Anna ... zu beleuchten.

Ich erinnere mich an Omas Hände, die Äpfel schälen. Es sind breite, kräftige Hände, Hände, die das Arbeiten gewohnt sind.

Bei Oma gab es immer Äpfel zu essen, und mit vorgerückter Zeit im Frühjahr musste man die Äpfel ausschneiden. Das tat sie mit Liebe und Sorgfalt, und sie vermittelte uns damit den Wert des Essens. Ohne viele Worte, einfach durch ihr Handeln. Wir saßen auf dem breiten Sofa in der Nische und bekamen die Schnitze auf einem Tellerchen.

Die Äpfel waren aus dem eigenen Garten. Dort wuchs auch in vielen Beeten alles an Gemüse und Salaten, was sie brauchte. Heute ist es chic, einen Garten zu haben, aber für sie war es lange Jahre überlebensnotwendig, diesen großen Garten zu bearbeiten und bis in die hinterste Ecke auszunutzen. Wie viele Stunden und Tage sie dort verbracht hat, vermögen wir nicht abzuschätzen. Es war die Energie der sorgenden Mutter, die sie diese Arbeit machen ließ.

Ich erinnere mich an das bunte Plastikspielzeug, das es immer bei ihr gab. Tütenweise und manchmal mit kleinen Fehlern, aber das störte uns wenig.

Erst viel später machten wir uns bewusst, dass dies das Ergebnis ihrer Arbeit in der Fabrik war, Abfallproduktion oder Restware, die die Arbeiterinnen am Fließband mit nach Hause nehmen konnten. Sie musste arbeiten gehen, Geld verdienen, um ihre vier Söhne großzuziehen. Für eine Frau ihrer Generation war das keine Selbstverständlichkeit. Viele waren vollauf damit ausgelastet, ihre Kinder zu betreuen und den Haushalt zu machen, denn der machte damals viel mehr Arbeit: Keine Waschmaschine, der Badeofen musste geschürt werden, geheizt wurde mit Kohlen. Dazu ging Oma noch jeden Tag in die Fabrik.

Aber sie vergrub sich nicht in Klagen über ihr Los, sondern als sie in Rente war, verstand sie es, dem Leben auch schöne Seiten abzugewinnen. Mit Busgesellschaften reiste sie durch ganz Europa. Pilgerorte waren ihr liebstes Ziel – Zeichen für ihre tiefe Religiosität, die sie durch ihr arbeitsreiches Leben getragen hat. Wir sind uns sicher: Sie starb im Vertrauen in ihren Gott.

Als dritte will ich an etwas erinnern, was eigentlich nicht vorhanden war: Der Opa. Seltsam, dass wir nie nach ihm gefragt haben.

Es gab wenig, was in ihrer Wohnung an ihren Mann erinnerte, der als Vermisster nie aus dem Krieg zurückkehrte. Vier Söhne hatte sie mit ihm, doch Oma hat uns nie von ihm erzählt. Vielleicht waren wir zu klein dafür? Hätten wir danach fragen sollen? Meiner Erinnerung nach gab es auch nie einen anderen Mann – vier Söhne waren ihr wohl Manns genug. Sie lebte ihr Leben in ihrem Stil. Das war arbeitsam und bisweilen wohl auch hart, aber sie hatte ein eigenes Dach über'm Kopf, und sie konnte sich mit ihrer eigenen Hände Arbeit ernähren.

Ihr Mann lebte nur in ihrem Herzen, und wie groß sein Platz in ihrem Leben war, das hat sie allein bestimmt.

So wollen auch wir es ihren Söhnen – unseren Vätern und Onkeln – wünschen und für uns selbst halten. Unsere Erinnerung ist es, die sie lebendig erhält, lebendig in unseren Herzen.

Mitarbeiterin

Liebe Familie, liebe Trauergemeinde, liebe Kollegen!

»Also prinzipiell ...« – wie oft haben wir im Amt über diesen Satz gelacht. Heute ist uns nicht zum Lachen zumute, denn Roswitha ..., die damit so oft ihre Beiträge begann, ist gestorben. Nur ein Jahr nach ihrer Pensionierung.

Meine Vorredner sind schon darauf eingegangen, wie viel sie noch vorhatte, was nun alles nicht mehr geschehen wird. Ich will sie hier würdigen als Kollegin, als unsere gute Seele.

Roswitha ... war eine Frau in einer Männerwelt. Nach dem frühen Tod ihres Mannes musste sie arbeiten und hat das, obwohl sie keine Ausbildung hatte, vorbildlich gemeistert. »Also prinzipiell ...« war sie ja nur »die Sekretärin« in unserem von Technikern dominierten Bereich, aber Sekretärin gibt nur einen Schatten von dem wieder, was sie wirklich für uns bedeutete.

»Also prinzipiell ...« war sie keine, die mit dem Hintern wackelt. Eher eine Mutter für uns Männer. Sie sorgte zum Beispiel dafür, dass der Kühlschrank mal wieder geputzt wurde, indem sie uns zeigte, wo der Putzeimer stand – und da konnte sie recht resolut werden. Sie betreute neue Mitarbeiter, sie hörte sich manchen Kummer an, aber sie konnte auch sehr abweisend werden, wenn sie jemand vor sich hatte, der dachte, er sei was Besseres. Sie organisierte die Geburtstagsgeschenke, und ich *vermute, sie war auch der Osterhase und Nikolaus in Personalunion.*

Ich würde ihr unrecht tun, wenn ich sie auf diesen menschlichen Aspekt reduziere. Im Laufe von fast 30 Jahren hat sie eine ungeheure Erfahrung angesammelt und sich ein Wissen angeeignet, das weit über das hinausgeht, was man von einer Sekretärin erwartet. Sie gehörte zu jeder Dienstbesprechung dazu, nicht nur, weil sie das Protokoll führte. Weit mehr, weil dann, wenn keiner von uns studierten Fachleuten mehr weiter wusste, es nicht selten passierte, dass sie anhub mit »Also prinzipiell ...«.

Als ich als Amtsleiter aus einer anderen Stadt hierher kam, war sie für mich eine unerschöpfliche Quelle. Sie kannte Zusammenhänge, Ansprechpartner und mögliche Fettnäpfchen, sie konnte sich an Details erinnern, die nicht in den Akten standen, und wusste, wo die Hebel anzusetzen waren, wenn die Situation verfahren war, wenn es Konflikte intern oder auch extern gab.

Wir haben sie vor einem Jahr schon verloren, aber das war ein freudiger Abschied, ein Pensionierungsfest: Seitdem haben wir sie nur mehr selten gesehen, bei der Weihnachtsfeier und ab und zu auf der Straße. Und nun stehen wir betroffen an ihrem Sarg und hätten ihr doch noch von Herzen viele Jahre gegönnt.

Ich hoffe, dass ich mit meinen Worten Ihnen, der Familie, ein Bild von Roswitha .... zeigen konnte, das sich Ihren Blicken bisher weitgehend entzog. Ich wünsche Ihnen, dass Sie in der Trauer viele Menschen finden, die Sie verstehen und stützen. Wenn Sie irgend etwas brauchen, was mit Ihrer Berufstätigkeit zu tun hat, können Sie mich jederzeit anrufen. Ich werde Ihnen so gut ich kann helfen.

Ein in Vereinen aktiver Mensch

Verehrte Angehörige, verehrte Trauergemeinde!

»Das bringt's Ihr schon hin!« – wie oft habe ich, haben Sie alle diesen Satz von Manfred ... gehört. Jetzt stehen wir hier an seinem Grab, und mir fällt die schwere Aufgabe zu, ihn als Vereinskamerad zu würdigen. Auch wenn der Tod nach der langen Krankheit eine Erlösung war, fällt es mir schwer, hier zu sprechen, und ich hoffe, dass mir sein Standardsatz hilft: »Das bringt's Ihr schon hin!«

Als Kassier war Manfred 40 Jahre lang für die Finanzen des Vereins zuständig. Vor drei Jahren habe ich diesen Posten übernommen. Ich hätte mir keinen besseren Vorgänger wünschen können. Er hat mir immer geholfen, wir haben eng zusammengearbeitet, und ich habe großen Respekt gewonnen vor seiner umfangreichen und sorgfältigen Arbeit: Es ist schier unglaublich, was er im stillen Kämmerlein über den Büchern und draußen im Kontakt mit den Firmen und Spendern für seinen Verein geleistet hat.

»Das bringt's Ihr schon hin!« Dieser Satz hieß bei Manfred ... nie, dass er die Arbeit auf andere abschob, im Gegenteil: Mit diesem Satz übertrug er seine Energie, seine Ideen, seinen Mut, auch große Sachen anzupacken, auf andere. Und vermutlich ermutigte er auch sich selbst, als er mit Mitte Dreißig den Posten im Vorstand übernahm. Er hat mir mal erzählt, wie es damals mit der Buchführung aussah: Fast jedes Jahr wurde das ungeliebte Amt einem anderen aufgebürdet, Geld war eigentlich nie da, Jahresbeiträge wurden verschludert, der Kassensturz jedes Jahresende war eine Katastrophe, und wenn's gar nicht mehr anders ging, wurden die örtlichen Firmen angebettelt.

Gestern habe ich mir die ersten Jahre mal genauer angeschaut, denn da stehen mehr als Zahlen: Er hat zum Beispiel eine Liste der Mitglieder angefertigt, um die Beiträge kontrollieren zu können: Sie staunen, aber diese Liste gab's vorher nicht, so wie viele andere Dinge auch nicht, die heute selbstverständlich sind: Er hat ein kostenfreies Vereinskonto bei der Bank eingerichtet, hat mit Einzugsermächtigungen angefangen, ein Formular für Spendenquittungen entworfen, das beim Finanzamt anerkannt wird, hat vom Lebensmittelhändler eine ausrangierte Rechenmaschine umsonst bekommen, und so weiter.

Und plötzlich hatte der Verein Geld: Schon im zweiten Jahr steht da ein stattliches Plus in den Büchern. – Zu diesen Büchern will ich kurz was sagen: Die führte man ja damals noch handschriftlich, und aus diesen Seiten und Zahlenkolonnen spricht eine ungeheure Genauigkeit und Gründlichkeit. Das besondere an Manfred ... ist für mich aber, dass er nicht nur diese buchhalterischen Fähigkeiten hatte, sondern das Geld für ihn ein Mittel zum Zweck war, mit dem man was schaffen konnte.

Mit dem Geld gab er Anstöße für verschiedene Baumaßnah-

men: Das Vereinsheim. Die Anlagen für die Leichtathleten, die damals nur ein kleines Grüppchen waren, das aber rasch größer wurde, als man plötzlich weitspringen, hochspringen und richtig laufen konnte. Die Drainage für den Fußballplatz. Die ganze Tennisanlage.

Natürlich hat er das nicht allein geschafft, da würde er ganz energisch protestieren, aber mit seinem »Das bringt's Ihr schon hin!« hat er seine Vorstandskollegen immer wieder mitgerissen. Er war es, der die Listen mit den Arbeitseinsätzen der Mitglieder führte, und er verhandelte zum Beispiel mit der Schulverwaltung und der Gemeinde um die 400-Meter-Bahn.

Verehrte Angehörige, verehrte Vereinskameradinnen und -kameraden, verehrte Trauergemeinde!

Ich könnte die Liste seiner Leistungen noch lange fortsetzen, aber ganz wichtig ist mir, dass auch ich, wie meine Vorredner, betone, was für ein besonderer Mensch er war, und ich erlaube mir hier, meine ganz persönlichen Erfahrungen mit ihm zu schildern: Als ich als frisch Zugezogener hier im Verein Anschluss suchte, kam ich überraschend schnell in den Vorstand, weil Finanzen mein berufliches Metier sind. Auf der Sitzung damals hat Manfred … mich überredet: »Das bringt's Ihr schon hin!« hat er zu mir gesagt, und es war seine Überzeugung, die mich überzeugte, dass ich mir als quasi Fremder diesen Posten zutraute.

In meinem ersten Jahr hat Manfred … keine Stunde weniger für den Verein gearbeitet als vorher. Er hat mir alles vorgemacht, mich bei jedem unserer Sponsoren persönlich vorgestellt, jede Frage so beantwortet, dass ich nicht nur wusste, wie das geht, sondern auch verstand, warum das so ist. Dabei war er mit seinen weit über 70 Jahren immer offen für Vorschläge von mir. Er hat mich ermutigt, Dinge umzustellen, zum Beispiel die EDV, und hat mir Kontakte zu Vereinskollegen vermittelt, die mich heute im Marketing unterstützen.

Bei Manfred … kann man wirklich sagen: Er hat ein Erbe hinterlassen. Sein Tod ist ein großer Verlust, aber er hat uns durch seine Art einen Auftrag hinterlassen: Dinge im Vertrauen auf die eigenen Kräfte anzupacken. Das, so empfinde ich, ist ein wunderschönes Erbe, und ich wünsche nicht nur dem Verein, sondern vor allem der Familie, dass das über die Trauer trägt.

Tod eines Kindes
Für alle Eltern, die ein Kind verloren haben

Liebe Christina, lieber Ralf!
Liebe Freunde und Freundinnen von Simon!
Liebe Angehörige und Freunde!

In dieser Abschiedsfeier habe ich die Aufgabe übernommen, an Simon zu erinnern, sein Leben zu würdigen. Würdigen – das klingt fremd angesichts eines so frühen, so sinnlosen Todes.

Uns erscheint er sinnlos, unbegreifbar, aber kein Leben ist sinnlos. Und der Tod, so schwer uns das in diesen Tagen ankommt, gehört zum Leben.

Ich möchte meine Worte unter das Zeichen der Sonne stellen, denn Simons Leben war ein sonniges Leben. Es hatte immer wieder mit Sonne zu tun. Simon wurde, das ist in diesem Kreis ein offenes Geheimnis, in einem Urlaub im sonnigen Süden gezeugt. Sein Geburtstag, der 21. Juni, ist der Sonnwendtag: der Tag im Jahr, an dem die Sonne am höchsten am Himmel steht und am längsten scheint.

Seine Geburtstage haben wir fast immer draußen gefeiert: Ich erinnere mich an sein Herumtapsen im Rasen am ersten Geburtstag. An seine Versuche, am zweiten Geburtstag den Bobby Car durchs Gras zu schieben, und der ähnliche Versuch mit dem Dreirad, dann kamen das Fahrrad, die Inliner, das Kettcar, und fast immer scheint auf den entsprechenden Fotos die Sonne.

Simon war ein Sonnenkind, was jetzt nicht heißen soll, dass Ihr, Christina und Ralf, nie Eure Not mit ihm hattet: Sein Temperament hat er in der Trotzphase ausprobiert. Mir scheint aber im Rückblick, dass er die Wut oft in Bewegung umsetzte.

Bewegung, alles was Räder hatte und rollte, das war seine Welt. Am Anfang waren es der Wasserball, die kleinen bunten Spielbälle, aber schnell entdeckte Simon den Fußball für sich. Für ihn ebenso wie für unseren Maximilian war nichts wichtiger als das Fußballtraining. Die Uhrzeit haben die beiden gelernt, weil sie darauf aufpassen mussten, dass wir Mütter und Väter sie rechtzeitig zum Training oder zum Spiel fahren. Aber Simon hatte dabei selten eine quengelige Art, er strahlte einen einfach erwartungsfroh an, und dann konnte man nicht mehr sagen: »Ich muss noch schnell was anderes erledigen ...«

Ungefähr ebenso wichtig wie der Fußball waren die Autos. Er hat sie mit Leidenschaft gesammelt, und wer ein Mitbringsel brauchte, wusste immer: Über Autos freut er sich. Mit dem Sprechen lernte er Automarken, und mit drei oder vier Jahren kannte er sich da besser aus als ich und fast alle anderen Mütter. Dann freute er sich, wenn er etwas besser wusste, und lachte.

Dieses Lachen wird uns allen fehlen.

Wenn draußen das Wetter schlecht war, spielten die Kinder stundenlang einparken, ausparken, Stau, Unfall, Autos ausliefern. Die Favoriten waren das Parkhaus und der Autotransporter: Klar, da konnte man gleich mehrere Autos bewegen. Besonders schön fand ich, dass manchmal auch Ann-Kathrin und Sabrina mitspielen durften. Die beiden kleinen Schwestern mussten dann Fahrschule machen, und Simon war ein sehr netter Fahrlehrer. Am Ende gab es immer einen Führerschein.

Liebe Christina, lieber Ralf!

Das alles ist nun Erinnerung.

Auch ich habe vor vielen Jahren ein Kind zu Grabe tragen müssen, und die vergangene Woche war sehr schwer für mich, denn ich sah nicht nur Euren Schock und Eure Trauer, ich erinnerte meine Ohnmacht, dieses Loch, diese Verzweiflung wieder.

Aus diesem eigenen Erleben, auch wenn es die letzten Tage nicht schön war, will ich Euch eine Zuversicht geben: Es wird eine Zeit kommen, da seht Ihr die Sonne wieder scheinen, da freut Euch ein Schmetterling, da könnt Ihr wieder lachen. Und Euer Blondschopf mit den großen braunen Augen, Euer Simon, wird ewig in Eurem Herzen sein und Euch anlachen.

Tod durch Suizid
Für Siegfried

Liebe Familie, liebe Trauergemeinde!

Wohl fast jedem von Ihnen ist es so gegangen: Ich konnte, wollte es nicht glauben. Mein Onkel Siegfried hat sein Leben beendet – ich kann es kaum aussprechen, ich kann es kaum denken, ich kann es nicht fassen.

Wieso er? Diese sinnloseste aller Fragen – aber sie stellt sich mir. Und da steht in mir das Bild auf von diesem Mann, von diesem weit entfernten Onkel, den ich eigentlich nur lachend kenne.

So ein herzliches, ehrliches, natürliches Lachen, das er für uns immer zur Begrüßung hatte, wenn wir kamen. Und das Strahlen in seinen Augen. Und: Sein Händedruck.

Seine Hände sind für mich ein Sinnbild für ihn, den Landwirt mit Leib und Seele und Sachverstand. Seine Hände, so groß und kräftig und anpackend. Sie haben gern gearbeitet, und ich habe ihn nie klagen gehört über die viele Arbeit auf dem großen Hof.

Als Kind war ich schon in den Ferien hier und habe mitgeholfen: Kälber tränken, Kühe füttern – und Scheune bauen. Ich weiß nicht genau, wie viel von dieser kindlichen Erinnerung stimmt. Aber auf jeden Fall passt es, dass er, als er mehr Platz und modernere Gebäude brauchte, beim Bau der Scheune selber mit anpackte. Mir sind die Armierungsgitter für den Beton in Erinnerung und die feinen Drähte, mit denen man sie verbinden musste. Da durften wir als Kinder mithelfen, und er hat aufgepasst, dass wir alles richtig machten. Er war kein Aufpasser, der einem Angst eingejagt hat, nein, bei ihm fühlte man sich immer wohl und geborgen. Er war so kräftig und strahlte seine Kraft aus. Und dann kommt diese Krankheit und raubt ihm alle Energie, alle Freude, allen Antrieb und zuletzt seinen Lebenswillen.

Was soll ich Euch, seiner Familie, sagen? Ich kann Euch nicht trösten, nur sagen, dass Ihr nicht allein seid. Dass ich, dass auch meine ganze Familie hier mit Euch fühlt, dass wir für Euch da sein wollen.

Wir behalten ihn in Erinnerung als einen starken Mann. Und ich wünsche, ich glaube, dass es ihm besser geht, da wo er jetzt ist. Besser geht als in dieser letzten Zeit hier.

Ich hoffe für Euch, dass sein herzliches, kraftvolles Lachen in Eurer Erinnerung die Oberhand gewinnt – im Laufe der Zeit. Ich wünsche Euch das von Herzen. Und wenn Ihr uns braucht: Wir werden für Euch da sein.

Rituale

Rituale sind so alt wie die Menschheit. Es gibt heute eine Menge Literatur über Rituale: aus historischer, völkerkundlicher, theologischer, pädagogischer, sozialwissenschaftlicher, psychologischer Sicht, und jeder Autor definiert den Begriff »Ritual« ein wenig anders. Ich verzichte hier auf die Analyse des Begriffs und beschreibe vor allem die praktische Seite: Warum überhaupt ein Ritual? Was ist dabei zu beachten? Welche Rituale sind für eine Trauerfeier geeignet? Nach einer kurzen Einleitung finden Sie hier also vor allem Ideen für Rituale, die Sie in jede Art von Trauerfeier einbauen können.

Warum ein Ritual?

Rituale stehen immer an der Schwelle zu einem neuen Lebensabschnitt. Sie machen den Übergang bewusst erfahrbar, sie zeigen die Schwelle. Zugleich hilft die äußere Form, die Schwelle innerlich zu überschreiten.

Trauerrituale sind *nicht* die Rituale, die den Verstorbenen in eine andere Welt begleiten. Trauerrituale sind Rituale für die Lebenden, die *Über*lebenden, denn für sie beginnt nach dem Tod des geliebten Menschen eine neue Zeit. Nichts ist mehr wie vorher: die Gefühle nicht, der Körper nicht, das Denken nicht, der Alltag nicht. Wie sehr die Trauer das Leben verändern kann, finden Sie im letzten Kapitel ab Seite 146. Die Veränderungen und Beeinträchtigungen sind Gründe, warum in unserer Gesellschaft die Trauer verdrängt wird: Der Mensch muss funktionieren, arbeiten, Geld verdienen, Erfolg haben. Bewusste Trauer mit all ihren Beeinträchtigungen hat da keinen Platz: Deshalb wird der Eintritt in die Trauerzeit übergangen.

Rituale in Trauerfeiern sind überwiegend Abschiedsrituale und ermöglichen den Schritt weg vom Verstorbenen hinein in

84

das Leben ohne ihn. Rituale nehmen die Trauer nicht weg, sondern geben ihr eine Form. Eine schöne Formulierung habe ich bei Erhard Weiher gefunden: Rituale befreien nicht *von* der Trauer, sondern sie *befreien* die Trauer.

Ein Trauerritual in den ersten Tagen nach dem Tod kann auch als Initiationsritus bezeichnet werden: Hiermit beginnt die Trauer, sie wird mit ihrem ganzen Schmerz und ihrer Grausamkeit erfahren. Aber diese Erfahrung wird zusammen mit anderen gemacht. Bei einem Trauerritual sollte also immer auch das Mittragen, die Hilfe durch die anderen erfahrbar sein. Die Erinnerung an diese »Einführung in die Trauer« kann später tröstende Kraft entfalten.

Welche Rituale?

Früher bestimmten allgemein bekannte Rituale den Ablauf der Tage nach dem Tod bis hin zur Trauerfeier und zum Begräbnis. Sie sind in Vergessenheit geraten oder werden zum Teil nur noch rein technisch durchexerziert.

Wenn der Sinn einer Handlung nicht mehr bewusst ist, hat das Ritual seine Kraft verloren und ist zu einer leeren Hülse geworden. Ich bin nicht der Meinung, dass man heutzutage alles neu machen muss. Wenn Sie beispielsweise einen Trauergottesdienst feiern, weil der Verstorbene das so gewünscht hat, Sie aber keinen Draht mehr zur Kirche haben, dann bitten Sie den Priester, dass er seine Handlungen und Gesten erklärt. Und zwar nicht nur im Trauergespräch, sondern auch in der Kirche.

»Neue« Rituale sind meiner Erfahrung nach meist gar nicht so neu: Was ist neu am Entzünden von Kerzen, am Pflanzen eines Baumes und am Begehen eines Labyrinthes? Was wir uns neu bewusst machen müssen, ist das persönliche Erleben dieser Schwelle hinein in ein anderes Leben. Deshalb ist es wichtig, dass Sie ein Ritual auswählen, das die Trauernden anspricht, das zu den Lebensgewohnheiten passt, das für die persönliche Situation und für das eigene Gefühl geeignet ist.

Auch äußere Gegebenheiten sind zu beachten. Kerzen auf dem Berggipfel sind schwierig, das Pflanzen eines Baumes in der Großstadt erfordert erhebliche Vorbereitung, und in einem Zimmer ist kein Platz für ein begehbares Labyrinth.

Mit allen Sinnen erfahrbar

Rituale müssen mit möglichst vielen Sinnen wahrnehmbar sein. Hüten Sie sich deshalb vor intellektuell und textlich überladenen Formen. Einzelne Worte, einfache Sätze, mehr sollte es nicht sein. Lassen Sie die Zeichen wirken.

Überprüfen können Sie die Einfachheit und Klarheit Ihres geplanten Rituals, indem Sie die einführenden Worte formulieren, mit denen Sie den Anwesenden das Ritual erklären möchten. Wenn Sie Probleme haben, dies zu erklären, dann liegt das vielleicht nicht an Ihrer mangelnden Sprachkraft, sondern an einem zu komplizierten Vorhaben. Ein einfacher Ablauf, 50 Mal wiederholt, wirkt besser als ein komplexes Geschehen aus mehreren Schritten.

Das Ritual muss alle mit einbeziehen. Je mehr Trauergäste Sie erwarten, desto einfacher und kürzer sollte das ausgesuchte Ritual sein. Wenn Kinder zur Trauerfeier kommen, sollten sie mitmachen können. Haben Sie keine Angst vor Einfachheit, im Gegenteil: Einfache, eingängige Symbolik berührt am tiefsten und nachhaltigsten. Komplizierte Abläufe können in Geschäftigkeit ausarten, und die Teilnehmer haben keine Ruhe mehr für ihre Gedanken, Erinnerungen und Trauer.

Sehr gut wirkt, wenn derselbe Gegenstand im Laufe der Trauerfeier oder auch bei späteren Gedenkfeiern öfter zum Tragen kommt: zum Beispiel eine Kerze, die beim aufgebahrten Verstorbenen hingestellt wird, die während der Trauerfeier brennt, die bewusst gelöscht wird, wenn der Verstorbene ins Grab gelegt wird, die die Witwe mit nach Hause bekommt und die bei der 40-Tages-Feier beim Bild des Verstorbenen steht.

Aufbau von Ritualen

Geeignete Rituale wirken, sie verwandeln die Teilnehmer. Abschieds- und Trauerrituale sollten folgende Botschaften und Elemente enthalten:

- Den Verlust, den Tod als unverrückbare Tatsache benennen
- An den Verstorbenen erinnern und seiner gedenken
- Trauer ausdrücken und zeigen können
- Zukunft und Hoffnung: Das Leben geht weiter

Rituale sind immer ein Gemeinschaftserlebnis: Dafür muss das Gemeinschaftsgefühl am Anfang aufgebaut werden, indem Sie alle tatsächlich oder im übertragenen Sinn in einen Kreis holen, um das Ritual durchzuführen. Wenn sich der Kreis schließt, dann entsteht die Gemeinschaft, die alle Beteiligten trägt und Kraft gibt. Am Ende müssen Sie den Kreis wieder öffnen. Dieser Dreischritt – zusammenkommen, zusammenschließen, öffnen – gilt für das Ritual im engeren Sinn und für die ganze Trauerfeier, die in ihrer Gesamtheit ebenfalls als Ritual bezeichnet werden kann. Der Zeremonienmeister muss die drei Schritte bei der Führung durch das Ritual berücksichtigen und deutlich machen.

Ein Ritual hat nur einen Sinn, wenn der Sinn auch *bewusst* ist. Kommunizieren Sie also, was Sie tun und was Sie vorhaben. Erklären Sie die äußeren rituellen Schritte – aber schreiben Sie den Teilnehmern nicht vor, was sie dabei zu denken, zu fühlen oder zu empfinden haben. Geben Sie Denk- und Besinnungsanstöße. Wenn Sie sich zu Glauben und Gefühlen äußern, kennzeichnen Sie das ganz bewusst als Ihre persönliche Überzeugung. Das ist legitim, vielleicht denkt die Trauergemeinde wie Sie und fühlt sich durch Ihre Äußerung angeregt. Aber es können nicht alle auf Ihrer Linie liegen, deshalb sollten Sie immer Raum für andere Empfindungen lassen.

Hierin sehe ich auch das Problem vieler Trauergottesdienste und den Grund, warum so viele Menschen mit unguten, fast rebellischen Gefühlen entsprechende Gottesdienste verlassen. Die meisten Prediger schreiben der Gemeinde vor, was sie zu fühlen und zu glauben hat. Der Glaube hilft den einen über schwerste Stunden hinweg – aber andere finden darin keinen Trost, im Gegenteil: Es fördert noch Wut und Schuldgefühle, die oft ohnehin Teil der Trauer sind.

Kerzenrituale

Kerzenrituale passen besonders gut für Abschieds-, Trauer- und Gedenkfeiern, weil sie Licht und Wärme spenden, eine vertraute Atmosphäre schaffen, zu Besinnung und Konzentration einladen. Gleichzeitig ist das Verbrennen, das sich in Rauch auflösen eine Mahnung an die Unerbittlichkeit des Todes. Mit Kerzen lassen sich sehr unterschiedliche Rituale gestalten.

Gedichte über Kerzen, über Feuer, Licht, Wärme, Strahlen und aufsteigenden Rauch eignen sich als einführende Worte in ein Kerzenritual. Aber es ist auch nicht schwer, eigene Worte zu finden, da die Symbolik und unser eigenes Empfinden nahe beieinander liegen.

Nach der Trauerfeier können Sie Ihre Kerze mit nach Hause nehmen und dort noch einmal, noch oft entzünden und dabei jedes Mal an den Verstorbenen denken, sich seiner erinnern und wieder ein Stück Abschied nehmen: allein, zu zweit oder mit mehreren zusammen.

Kerzenrituale sind gut in kirchliche Andachten integrierbar. Sie können rund um die Osterkerze stattfinden – auch wenn nur ein Teil der Trauergemeinde an die Auferstehung glaubt, verbindet der Kerzenschein alle und kann eine gelungene Abschiedsfeier über Glaubensgrenzen hinweg ermöglichen.

Musterablauf

Das Entzünden von Kerzen, zumal in einer großen Gruppe, sollte so einfach wie möglich gestaltet werden. Die Kraft von rituellen und symbolischen Handlungen liegt in ihrer Einfachheit und in der Wiederholung. Der Ablauf innerhalb einer Trauerfeier kann folgendermaßen aussehen:

> Vorbereitung: Stellmöglichkeit für die Kerzen klären, ausreichende Zahl Kerzen besorgen und bereitlegen, große zentrale Kerze aufstellen.

- Große Kerze anzünden
- Einführende Gedanken
- Innere Sammlung und Erinnerung an den Verstorbenen
- Jeder nimmt sich eine Kerze, entzündet sie, stellt sie hin und tritt dann zurück.
- Allmählich bildet sich ein Kreis um die Kerze.
- Verbindende Worte und gemeinsames Betrachten der vielen Lichter
- Auflösen des Kreises

Kerzenkreis

Einen Kerzenkreis können Sie auch rund um den Sarg oder die Urne bilden. Wenn geeignete und ausreichend viele Kerzenständer vorhanden sind, können Sie Leuchterkerzen nehmen und zu einem Kreis stellen lassen. Ansonsten besorgen Sie für das Kerzenritual kleine Stumpenkerzen oder, sehr praktisch und preisgünstig, Teelichte.

Wenn Sie bei einer Gedenkfeier ohne Sarg oder Urne den Verstorbenen mit einbeziehen wollen, gestalten Sie eine zentrale Stelle so, dass alle Mitfeiernden ihre Gedanken und Wünsche auf diese Stelle konzentrieren. Solch ein Konzentrationsort kann ganz einfach geschaffen werden: Nehmen Sie ein Tischchen, breiten Sie ein Tuch darüber aus, stellen Sie ein Bild und/oder Gegenstände auf den Tisch, die an den Verstorbenen erinnern, und schmücken Sie den Tisch mit Blumen, einem Zweig, einem Gesteck, einer Kerze, usw.

Mit dem Anzünden und Aufstellen einer Kerze lassen sich gut Bitten und Wünsche (siehe auch Seite 115 ff) verbinden:

- *Ich zünde meine Kerze an für ..., weil ich ihn nie vergessen werde.*
- *Ich zünde meine Kerze an für ..., weil ich immer gerne bei ihm war.*
- *Ich zünde meine Kerze an für ..., weil ich an ihn denke.*
- *Ich zünde meine Kerze an für ..., damit sein Licht über den Tod leuchtet.*

Die Bitten können auch über den unmittelbaren Todesfall hinausgehen:

- *Ich zünde meine Kerze an für alle Verstorbenen, dass sie ihren Frieden finden.*
- *Ich zünde meine Kerze an für alle Trauernden, um ihnen Licht und Wärme zu geben.*
- *Ich zünde meine Kerze an für alle, die jetzt leiden müssen, damit sie Kraft und Trost finden.*
- *Ich zünde meine Kerze an für alle Menschen, die einsam sind, damit ihnen ein Licht leuchtet.*

Sätze beim Entzünden einer Kerze können auch ausdrücken, welches Licht von dem Verstorbenen ausging:

- *Danke für Deine strahlenden Augen.*
- *Danke für die schönen Stunden bei Dir.*
- *Danke für Dein Lachen.*
- *Du warst mein Lichtblick, wenn es mir schlecht ging.*

Lichtersonne

Eine wunderschöne Anregung findet sich im Buch »Jetzt bist Du schon gegangen, Kind« von Gerda Palm: die Lichtersonne.

Jeder Teilnehmer der Trauerfeier bekommt ein Teelicht und einen »Papierstrahl«, ausgeschnitten aus gelbem Tonpapier in Form eines langgezogenen Dreiecks. Einen Strahlenkranz, der die Mitte der Lichtersonne bilden wird, bereiten Sie vor: Eine dicke Kerze steht in der Mitte, wie Strahlen liegen die Papierdreiecke am Boden darum herum. Auf jedem Strahl steht ein brennendes Teelicht.

Nachdem sich alle reihum versammelt und gesammelt haben, legt und stellt jeder nach und nach seinen Strahl und seine Kerze dazu. Durch die kreisartige Anordnung können mehrere gleichzeitig in die Mitte gehen, so eignet sich das Ritual auch für große Gruppen. Allerdings muss eine ausreichend große, freie Bodenfläche für das Ritual zur Verfügung stehen.

Eine inhaltliche Erweiterungsmöglichkeit besteht darin, dass jeder etwas auf seinen Papierstrahl schreibt, bevor er ihn mit der Kerze ablegt. Im einfachsten Fall einen Namen, den eigenen, oder den des Verstorbenen, oder auch einen kurzen Wunsch, ein Gefühl, eine Hoffnung, zum Beispiel:

- Ruhe friedlich
- Freude
- Wir werden uns wieder begegnen
- Ich vergesse Dich nicht
- Dein Lachen

Es liegt in der Hand des Zeremonienmeisters, durch entsprechende Anregungen möglichst viel Vielfalt oder aber eine bestimmte Richtung zu erzielen. Ein einführender Text könnte folgendermaßen lauten:

Liebe Freunde!

Gerhard war ein Mensch, der die Sonne liebte. Wir wollen ihm deshalb zum Abschied eine strahlende Lichtersonne schenken.

Brigitte und Petra verteilen soeben gelbe Sonnenstrahlen und Stifte. Wenn Sie selbst einen Stift in der Tasche haben, sind wir dankbar, wenn Sie den nehmen, sonst reichen die Stifte nicht.

[Warten, bis Ruhe einkehrt.]

Viele, vielleicht alle von uns erinnern sich an Gerhards Strahlen. Er lachte gern. Er strahlte einem entgegen. Er löste auch schwierige Situationen und Anstrengungen durch sein ehrliches Lachen auf. Es gibt so viele Urlaubsbilder von ihm, wo er im Sonnenschein steht und lacht.

Ein wenig von dieser freudigen Kraft, die er in sich hatte, wollen wir nun hierher holen. Es ist so schwer, dass er gestorben ist. Aber seien wir dankbar, dass wir ihn gekannt haben. Seine Freude und Energie soll uns über seinen Tod hinaus tragen und uns Kraft geben in unserer Trauer.

Ich bitte nun jeden, sich an Gerhard zurückzuerinnern. Holen Sie sich sein Bild ins Gedächtnis und finden Sie ein Wort oder einen kurzen Satz für das, was Sie an ihm am meisten fasziniert hat, an was Sie sich immer erinnern werden und was Sie ewig im Herzen tragen möchten. Schreiben Sie das auf den Sonnenstrahl. Das kann ein ganz einfaches Wort sein, vielleicht nur »Augen« oder »Sonne«.

Wenn Sie von Ihrer Erinnerung an Gerhard zurückkommen und den gelben Papierstrahl beschriftet haben, kommen Sie bitte nach und nach hier vor, nehmen sich ein Teelicht aus dem Korb und bilden einen Kreis um die Kerzensonne, die ich währenddessen hier auslegen werde.

Also: Wer war Gerd? Womit hat er Sie besonders fasziniert?

[Stille – währenddessen Vorbereitung der Sonne auf dem Boden. Alle kommen in den Kreis.]

Wir wollen nun mit den Strahlen und Kerzen eine Lichtersonne schaffen, die all das ausstrahlt, was Gerhard für uns bedeutet hat und über seinen Tod hinaus bedeuten wird.

Gehen Sie in die Mitte, allein oder zu mehreren, entzünden Sie Ihre Kerze an einer der Kerzen, die hier schon stehen, und stellen Sie das Licht auf Ihren Sonnenstrahl. Machen Sie das ganz ruhig, in Ihrem Tempo, und gehen Sie dann in den Kreis zu-

*rück, damit alle nach und nach ihre Sonnenstrahlen abstellen
können.*
[Wenn die Lichtersonne fertig ist:]
Wie schön die Sonne strahlt.

Wir fassen uns nun an den Händen und wärmen uns gegenseitig und an der Lichtersonne. Wärmen uns an Gerhards Strahlen und Lachen und Freude, die er am Leben hatte, an der Wärme und an dem Licht, die von ihm ausgingen. Diese Erfahrung kann uns auch der Tod nicht nehmen, und sie wird uns helfen.
[Stille]
Dieses schöne Bild der Lichtersonne nehmen wir tief in uns auf. Es soll uns tragen durch die Zeiten der Trauer und der Nacht. Gehen wir nun zurück auf unsere Plätze.

Wenn die Gruppe klein ist, kann jeder einzeln in die Mitte treten, seine Kerze entzünden und in einem kurzen Satz erklären, welche Ausstrahlung der Verstorbene auf sein Leben hatte.

Persönlich gestaltete Kerze

Eine schöne Arbeit ist das gemeinsame Herstellen einer Kerze, die dann bei der Trauerfeier entzündet wird. Eine besondere Bedeutung gewinnt die Kerze, wenn jeder eine Kerze oder Kerzenreste mitbringt und daraus eine neue große Kerze entsteht. Verschiedenfarbiges Ausgangsmaterial können Sie schichtweise in die Kerzenform gießen: So bleiben der Entstehungsprozess und die Beiträge der Trauernden sichtbar. Das Kerzengießen ist für die Trauerfeier zu aufwändig. Zudem muss die frisch gegossene Kerze abkühlen und aushärten. Nutzen Sie für die Herstellung die Aufbahrungszeit.

Die selbst gegossene Kerze kann in der Trauerfeier den Mittelpunkt für weitere Kerzenrituale bilden oder verziert werden: Jeder Trauergast schneidet aus Wachsplatten ein persönliches Motiv aus und klebt es, verbunden mit einem Wunsch an den Verstorbenen, auf die Kerze.

Dieses Ritual können Sie auch mit einer gekauften Kerze durchführen. Wenn die Wachsmotive im Rahmen der Feier ausgeschnitten oder ausgestochen (mit Weihnachtsbäckerei-Förmchen) und aufgeklebt werden sollen, geht das nur in einer relativ kleinen Gruppe und wenn Arbeitsflächen vorhanden sind. Sie können aber auch einfache Motive wie Herzen, Sterne, Monde, Bäume, Blumen und Blätter vorbereiten, dann ist das verzierende Ritual auch in einer größeren Gruppe möglich.

Düfte, Räucherwerk und Feuer

Düfte haben einen starken Einfluss auf unsere Psyche: Sie können beleben und beruhigen, ausgleichen und aufregen, Genuss und Naserümpfen auslösen. Es gibt zwei einfache Formen, Düfte zu verbreiten: mit ätherischen Ölen und mit Räucherwerk.

Ätherische Öle

Ätherische Öle eignen sich für das Beduften von Räumen, wenn diese nicht zu groß sind. Am einfachsten bedienen Sie sich einer Duftlampe, die Sie bereits vor der Trauerfeier oder zu Beginn aufstellen und bei Bedarf nachfüllen. Verwenden Sie nur reine ätherische Öle von hoher Qualität. Synthetische Kopien duften zwar auch, aber ihnen fehlen die Energien und Nuancen der natürlichen Essenzen.

Nachfolgend einige Düfte, die eine warme Stimmung schaffen und Geborgenheit und Kraft schenken:

Benzoe: Duftet süß und weich, beruhigt gereizte Nerven. Das Harz gibt es auch als Räuchermittel.

Davana: Süßer Duft, der wärmt, entspannt und beruhigt.

Elemi: Duftet frisch nach Harz und Wald, majestätisch. Gleicht aus und stärkt, fördert Konzentration und Meditation.

Galbanum: Duftet weich nach Wald. Beruhigt, gleicht aus, löst seelische Verhärtungen, wirkt wie Balsam auf die Seele. Das Harz gibt es auch als Räuchermittel.

Honig: Das Öl wird aus den Wachswaben gewonnen und duftet nach Honig. Wärmt die Seele und den Körper.

Ingwer: Duftet nach Ingwer mit seiner gewissen Schärfe, wärmt und gibt Kraft.

Iris: Riecht sehr warm, blumig und erdig gleichzeitig, es hüllt ein in Zeiten der Trauer, löst Blockaden. Ein sehr seltenes, kostbares (und teures) Öl für Schwellenzeiten.

Koriander: Duftet warm und angenehm, stärkt bei Schwäche und hilft über Schock und Angstzustände.

Majoran: Duftet warm und würzig, löst Krämpfe und beruhigt. Eines der bevorzugten ätherischen Öle bei Trauer und Leid.

Melisse: Duftet frisch und warm und gilt als Schutzöl. Es hilft, zur eigenen Mitte zu kommen, hält störende Einflüsse fern, hat aber auch eine heitere Note und hilft bei Traurigkeit. Die Essenz ist in reiner Form sehr selten und teuer.

Mimose: Blumig und fein-süß, ein zarter Hoffnungsduft, der Sorgen und Ängste mildert.

Petit Grain: Frischer, blumiger Zitrusduft. Belebt, weckt positive Gefühle, öffnet die verschlossene Trauer.

Rose: Wer kennt nicht den Rosenduft! Das ätherische Öl ist eine Kostbarkeit und tröstet bei Kummer und Leid.

Rosmarin: Klarer, starker Kräuterduft, fördert die Konzentration und verleiht innere Stärke, um Gefühlsschwankungen auszuhalten.

Vanille: Duftet warm und süß nach Vanille, beruhigt und besänftigt, lindert Frust und Wut, die häufig Trauer begleiten.

Wacholder: Ein heiliger Duft, kräftig und rein. Baut auf und unterstützt Konzentration und Meditation.

Zeder: Holziger, warmer Geruch. Gibt Kraft und Leben, wärmt und tröstet.

Zimt: Duftet würzig nach Zimt, wärmt sehr gut, löst emotionale Verkrampfung und Erstarrung.

Räucherwerk
Die Räucherung von duftenden Stoffen wie Blüten, Blättern, Gräsern, Rinden, Harzen, Holzstücken und Wurzeln ist historisch gesehen die ältere Form von Duftgaben. »Parfum«

komt aus dem lateinischen »per fumam«, was soviel bedeutet wie »durch den Rauch«. Das Räuchermaterial wurde auf glühende Kohlen gestreut, und der Rauch stieg duftend auf.

Diese ursprüngliche Form des Räucherwerks eignet sich sehr gut für ein Trauerritual, denn durch das Räuchern und Verbrennen wechselt das Räuchermaterial seine Daseinsform und steigt als Duft empor. Der aufsteigende Duft galt als Verbindung zu den Göttern und zum Jenseits. Egal, welcher Gott nun dort »oben« sitzt und an welches Jenseits wir glauben, auf der Erde bleibt die Asche zurück, und die Düfte erfreuen unsere Nasen. Räucherdüfte können uns im wahrsten Sinn des Wortes erfüllen und die von Tränen und Trauer beklemmte Brust zum tiefen Einatmen und Aufatmen bewegen.

Wenn Sie ein echtes Feuer anzünden und herunterbrennen lassen wollen, bis die glühende Kohle bereit ist zur Aufnahme der Räucherstoffe, brauchen Sie für das Ritual einen geeigneten Ort im Freien. Das Problem ist, dass Sie das Dufterlebnis praktisch nur bei Windstille genießen können. Kleine Gärten oder hohe Hecken bieten unter Umständen einen geschützten Bereich für das Ritual.

Begleiten Sie das Feuer mit Geschichten und Erinnerungen an den Verstorbenen, lesen Sie Texte vor, und finden Sie zu einer ruhigen und konzentrierten Runde zusammen. Wenn die Kohle glüht, schließen Sie den Kreis. Jeder tritt reihum an die Kohlen und streut sein Räuchermaterial darüber. Mit der Duft-Rauch-Säule schickt er einen Satz der Erinnerung oder der Hoffnung in den Himmel.

Für Räucherwerk in geschlossenen Räumen gibt es in Fachgeschäften spezielle Kohletellerchen, etwa einen Zentimeter hoch und fünf Zentimeter im Durchmesser, die mit einem einfachen Streichholz zum Glühen gebracht werden. Legen Sie die Kohle in eine feuerfeste Schale und sprechen Sie einführende Worte. Nun kann jeder reihum einige Körnchen auf die Kohle streuen und mit seinen Wünschen auf die Duftreise schicken. Mit Blick auf die aufsteigenden Rauchsäulen und mit den Aromen in der Nase kann jeder seinen und den Wünschen der anderen nachsinnen und träumen. Der Zeremonienmeister bestimmt den Zeitpunkt, wann alle wieder zusammenkommen und gemeinsam die Zeremonie beenden.

In größeren Trauergruppen wird die Zeit nicht ausreichen, dass jeder persönlich sein Körnchen und eine Erinnerung oder Hoffnung zum Räucherwerk beisteuert. Dann stellen Sie ein Räuchergefäß an einem zentralen Ort auf und verbinden die Gedanken an den Verstorbenen mit Überlegungen zu Körperlichkeit, Tod und Verbrennung.

Rauch- und Feuer-Rituale eignen sich besonders gut für Trauerfeiern vor oder nach einer Einäscherung. Bequem zu handhaben ist das Abbrennen von Räucherstäbchen oder Räucherkerzen.

Weihrauch

Weihrauch ist die bekannteste Räuchersubstanz, dabei ist Weihrauch kein eindeutiger Begriff: Früher hießen viele Räuchermischungen so, und das Harz des Weihrauchbaumes bildete nur *einen* Bestandteil. Heute können Sie sowohl reinen Weihrauch als auch Mischungen mit anderen Harzen, Blüten und Kräutern kaufen. Wenn Sie nicht nur den Duft genießen, sondern auch seine beruhigend-heilende Wirkung nutzen wollen, fragen Sie beim Einkauf ausdrücklich nach »weißem Weihrauch«. Er besteht aus dem reinen getrockneten Saft, den der Baum abgibt, und ist nicht mit anderen (natürlichen) Stoffen verunreinigt oder vermischt.

Weißer Weihrauch hat stark reinigende Wirkung, aber leider verbinden viele Menschen den Duft ausschließlich mit Kirche und wollen ihn deshalb nicht in anderen Bereichen verwenden. Das ist schade, denn »reinigend« ist in einem doppelten Sinn zu verstehen: Weihrauch desinfiziert Räume und nimmt unangenehme Gerüche weg. Im seelisch-psychischen Bereich fördert er Konzentration und Meditation, er beruhigt und wirkt ausgleichend bei starker Anspannung.

Weitere, schon seit Jahrtausenden bekannte und heute wieder entdeckte Räuchersubstanzen sind Benzoe, Galbanum, Myrrhe und Styrax.

Zum Räuchern können Sie auch einheimische Kräuter und Zweige verwenden. Besonders geeignet sind Thymian, Salbei, Wermut, Wacholder, Zweige und Harztropfen einheimischer Nadelbäume. Wenn Sie in einem Kohlebecken räuchern, können Sie ganze Zweige hineinlegen. Wenn Sie eine kleine Räucherkohle verwenden, räuchern Sie nur einzelne Blättchen, Nadeln oder Tropfen.

Eine besondere Rolle unter den heimischen Kräutern spielt der Wermut. Er gilt als Symbol der Wiedergeburt und Erneuerung: Er wurde früher auf Särge gelegt, auf Gräber gepflanzt und verbrannt. Seine regional unterschiedlich verbreiteten Namen »Machtwurz«, »Jungfrauenkraut« und »Grabkraut« zeugen von der ganzen Bandbreite seiner Kraft.

Feuer

Feuerrituale sind klassische Abschiedsrituale: Das Feuer hat Bedeutung, weil darin etwas verbrennt. Indem wir etwas ins Feuer werfen, nehmen wir Abschied davon. Feuerrituale eignen sich gut, wenn die Asche anonym bestattet wurde oder wenn Trauernde längere Zeit nach der Beerdigung das Gefühl haben, einen Abschied nachholen zu müssen.

Feuerrituale sind zu jeder Jahreszeit durchführbar: Im Sommer können Sie warme Nächte für das Ritual nutzen und womöglich eine schöne Lagerfeuerrunde daran anschließen. An klirrend kalten Wintertagen bildet das Feuer die wärmende Quelle, um die sich alle versammeln. Im Anschluss an das Ritual reichen Sie Tee, Punsch oder Glühwein. Achten Sie darauf, dass das rituelle Verbrennen einen klaren Rahmen hat, und heben Sie den rituellen Kreis bewusst auf, bevor Sie zu den leiblichen Genüssen übergehen. Es kann sogar sinnvoll sein, zwei Feuer zu schüren: Ein rituelles, das man nach dem Ritual herunterbrennen und verglühen lässt, und ein zweites, auf dem die Grillwürstchen brutzeln.

Anregungen, was Sie im Feuer verbrennen können:

- Trockenes Brennmaterial aus der Natur, das jeder mit Blick auf das Ritual gesammelt und mitgebracht hat: vom dicken Holzstück bis zum vertrockneten Gras.
- Brennbare Stücke, die an den Verstorbenen erinnern: Fotos, Briefe, Textilien, Freundschaftsband, getrocknete Blumen, Symbolhaftes, zum Beispiel ein Stück Angelschnur, Segler- oder Bergsteigerknoten, Topflappen, Heft einer bestimmten Zeitschrift.
- Beschriebenes Papier: Gedicht, Abschiedsbrief, der Name, Wünsche, Hoffnungen.

Mit der Einladung erfahren die Teilnehmer, welche Feuerga-
ben sie mitbringen sollen. Die Auswahl oder das Sammeln for-
dern schon im Vorfeld eine Auseinandersetzung mit dem Verstorbenen und dem Abschied von ihm. Diese gemeinsame
Vorgeschichte verbindet alle Teilnehmer und kann gut genutzt
werden, um alle in den rituellen Kreis zu holen.

Viele Orte sind für ein Feuerritual geeignet. Achten Sie aber
darauf, dass eine gewisse Ruhe und Konzentration möglich
sind. Sehr schön sind Plätze an einem Fluss oder See: Die Gegenwart aller vier Elemente Feuer, Wasser, Luft und Erde verleiht dem Ritual eine Ganzheitlichkeit.

Naturnahe Rituale

Baum pflanzen

Das Pflanzen eines Baumes hat eine starke Symbolkraft. Am
Anfang ist er eine Pflanze, die selbst viel Sorgfalt und Mühe,
Sonne und Wasser braucht, um anzuwachsen und zu gedeihen.
Der Baum wächst und wird stärker und gibt im Laufe der
Jahre immer mehr Kraft. Bäume eignen sich als Orte der
Trauer und der Freude. Sie bilden einen starken Trauerort be-
sonders auch dann, wenn kein Grab vorhanden ist.

Ich rate zu einem Laubbaum, denn der wandelt sich im Lauf
der Jahreszeiten und macht damit das Kommen und Gehen
des Menschen bewusst. Einen Baum können Sie auch Monate
oder Jahre nach dem Tod pflanzen. Das Pflanzen gibt der
Trauer Raum und der Baum bedeutet einen Ort, wo sich alle
erinnern können.

Musterablauf

Eine Baumpflanzung kann folgendermaßen ablaufen:

- Begrüßung
- Erklärung Ablauf
- Baumgedicht (Herr von Ribbeck auf Ribbeck im Havel-
  land)
- Erinnerung an den Verstorbenen
- Ausheben des Pflanzlochs (bei schwierigen Bodenverhält-
  nissen vorbereiten!)

- Baum setzen, mit Erde auffüllen (jeder eine Schaufel), festtreten (jeder ein Mal), wässern
- Kreis um den Baum bilden
- Reihum Trostwünsche an den Baum richten
  Oder: Um den Baum tanzen
- Abschlussworte

Begrüßende Worte können folgendermaßen lauten:

Liebe Freunde, liebe Verwandte,

wir sind heute hier zusammengekommen, um in Erinnerung an Rolf einen Baum zu pflanzen. Wir wollten das nicht einfach irgendwie machen, sondern eine kleine Zeremonie gestalten, damit wir alle zusammen eine bleibende Erinnerung an diesen Tag und an Rolf haben.

Zur Begrüßung wird Martina jetzt ein bekanntes Gedicht vortragen, das, wie wir finden, heute und an diesem Ort ganz neu und anders klingt:

Herr von Ribbeck auf Ribbeck im Havelland
Text siehe Seite 139 f.

Danke Martina.
Also unser Rolf war kein Ribbeck. Sein Wunsch war, dass er anonym bestattet wird.

Als wir das erfuhren, waren wir überrascht – vielleicht sogar enttäuscht oder wütend. Es war natürlich klar, dass wir Rolfs letzten Willen respektieren. Er hat es auch für uns getan: Er wollte nicht, dass irgendwann Streit entsteht, wer sein Grab pflegt und bezahlt.

Im Lauf der Wochen kam aber das Gefühl auf, dass wir doch gerne irgendwo eine Erinnerung an ihn hätten, und Martina hatte die Idee mit dem Baum. Rolf war ein sehr naturverbundener Mensch, er fühlte sich als Teil der Natur. Sein Engagement im Bund Naturschutz zeigte das unter anderem. Deshalb sind wir uns sicher, dass das Pflanzen eines Baumes in seinem Sinn ist. Ein Teil von den Anwesenden ist ja selbst im Naturschutz aktiv, und bei Ihnen bedanke ich mich im Namen der ganzen Familie, dass Sie sich um die praktischen Dinge gekümmert haben.

Weil wir diesen Baum als Erinnerung an Rolf pflanzen, fassen wir uns jetzt alle reihum an den Händen und denken still an ihn. Wie haben wir Rolf erlebt? Was hat Rolf uns bedeutet?

Ein Baum in der Stadt

Eine vor allem im städtischen Umfeld nicht immer einfach zu beantwortende Frage ist: Wo pflanzen Sie den Baum, wenn Sie nicht über Grund und Boden verfügen? Auf dem Grab sind Bäume laut Friedhofssatzung meist nicht erlaubt. Alternativen für das Grab sind zum Beispiel Halbstämmchen, die es heute von vielen Baumarten gibt, oder ein Rosenbusch: Rosen mit ihrem Duft und ihrer Schönheit einerseits und den Dornen andererseits tragen in sich die Symbolik von Freude und Leid, von Leben und Tod.

Es ist nicht sinnvoll (und auch nicht erlaubt), einfach einen Baum irgendwohin zu pflanzen. Fragen Sie bei der Gemeinde oder beim Grün- und/oder Gartenbauamt nach: Wenn Sie einen Baum pflanzen wollen, wird sich auch ein Ort dafür finden. Die Alternative ist, dass Sie eine ohnehin geplante Anpflanzung finanzieren und dafür eine kleine Gedenktafel aufstellen dürfen – falls Sie das wünschen: *»Diese Pflanzung wurde im Gedenken an Rolf Laube (Lebensdaten) gespendet.«*

Die notorische Geldknappheit vieler Kommunen könnte manchem zurückhaltenden Beamten die Ohren für Ihr ungewöhnliches Ansinnen öffnen.

Wenn Sie den Baum von einem Gärtner setzen lassen, können Sie danach eine kleine Feier am Baum organisieren, denn die wenigsten gewerblichen Gärtner werden sich in eine solche Feier einbeziehen lassen – aber scheuen Sie sich nicht, fragen Sie danach.

Wenn Sie den Baum selbst setzen, sollte einer in der Runde wissen, wie man einen Baum setzt, und der daher den Einkauf und den Transport übernimmt, gegebenenfalls die Wurzeln einkürzt, das geeignete Werkzeug besitzt und Erde besorgt.

Setzen Sie den Baum im eigenen Garten, können Sie die besinnliche Pflanzfeier in ein lebendiges Gartenfest übergehen lassen. Die ideale Pflanzzeit ist der Spätherbst, aber Dank Containerware ist das Pflanzen heute rund ums Jahr möglich.

In trockenen Zeiten muss anschließend regelmäßig und sorgfältig gewässert werden. Schon diese Sorge um den Baum lässt die Trauer arbeiten und gibt ihr einen Halt, einen Ort, einen Raum. Am Jahrestag können sich Freunde und Verwandte beim Baum treffen und an den Verstorbenen denken.

In Nürnberg gibt es den Verein Wachsende Trauer, der einmal im Jahr ermöglicht, dass für Verstorbene Bäume gepflanzt werden. So entsteht ein Hain, ein Trauerort, der ein wichtiger Zufluchtsort für Menschen sein kann, deren Angehörige anonym bestattet werden wollten oder deren Gräber in weit entfernten Städten liegen.

Samenkörner säen
Das Samenkorn in der Erde ist eines der stärksten Hoffnungssymbole. Die braune, unbestellte Erde erinnert an Tod und Beerdigung, doch sie ist der Schoß für neues Leben. Auch das Samenkorn trägt den Tod in sich: Es muss erst in die Erde fallen und sterben, bevor neues Leben keimt.

Musterablauf
Ein Ritual, bei dem alle im Rahmen einer Trauerfeier hoffnungsvoll ein Samenkorn in die Erde setzen, könnte etwa folgendermaßen ablaufen:
Vorbereitung: Geeignetes Pflanzgefäß, zum Beispiel Balkonkasten, mit Erde bereitstellen.
• Begrüßung, Erklärung des Rituals
• Alle bilden einen Kreis.
• Erinnerung an den Verstorbenen
• Gedicht oder Gedanken zur Symbolik des Samenkorns
• Jeder nimmt ein Samenkorn aus der Schale und drückt es mit einem hoffnungsfrohen Wunsch in die Erde.
• Erde glatt streichen und gießen
• Trost- und Abschlussworte für die ganze Runde

Das Gefäß steht anschließend entweder auf dem Grab oder bei einem der nächsten Angehörigen.
Geeignet für dieses Ritual sind Sonnenblumenkerne oder Getreidekörner, da sie eine gewisse Größe besitzen und gut

keimen. Sonnenblumenpflänzchen müssen nach dem Austreiben einzeln in größere Gefäße umgepflanzt werden. Diese Gelegenheit kann man zu einer Einladung an die Trauergäste nutzen: Alle helfen bei der Arbeit, jeder nimmt eine Sonnenblume mit nach Hause und hegt und pflegt ihr Wachstum in Erinnerung an den Verstorbenen. Die Kerne der reifen Sonnenblumen können Sie ernten und wieder aussäen oder verschenken. So keimt das Leben immer wieder neu.

Wenn die Trauergemeinde so groß ist, dass nicht alle zum Erdgefäß gehen können, sollten Sie mehrere Töpfe mit Erde durch die Reihen gehen lassen, und jeder drückt ein Samenkorn der Hoffnung hinein.

Auch diese sehr einfache Handlung entfaltet tröstende Kraft: Jeder hat etwas beigetragen, und am Ende bekommen die nächsten Angehörigen die Gefäße. Wenn diese wegen der Aufgewühltheit der Gefühle nicht in der Lage sind, eine solche Gabe in diesem Moment anzunehmen, kann das ein Freund für sie tun und ihnen die Keimlinge, die keimende Hoffnung Wochen später bringen. Pflanzen, die in der Stunde des Abschieds gesät wurden, können nach 40 Tagen, nach einem halben oder einem Jahr in den Mittelpunkt einer Gedenkfeier gestellt werden, als Symbol für den, der gestorben ist und als Symbol für das Leben, das wieder erwacht und weiter geht.

Erde

Die Sehnsucht
lässt die Erde durch die Finger rinnen
alle Erde dieser Erde
Boden suchend
für die Pflanze Mensch.
Hilde Domin

Die Beerdigung trägt die »Erde« schon im Namen. Auf den traditionellen Erdwurf und das Verschließen des Grabes bin ich im Kapitel Trauerfeier (Seite 39 ff) eingegangen. Hier weitere Vorschläge, Erde in ein Trauerritual einzubinden:

• Jeder bringt heimische Erde mit und wirft sie auf den Sarg.

- Erde von vertrauten Orten holen (lassen), bei der Trauer-feier zu jedem Ort den Bezug herstellen, den der Verstorbene dazu hatte, und die Erde mit ins Grab geben.
- Jeder bringt Erde mit, um das Grab gemeinsam zu bepflanzen.

Wasser

Wasser eignet sich wie Feuer und Erde als unmittelbar erfahrbares Element in Zeiten des Schmerzes und der Trauer. Wasser ins Grab zu gießen ist eine Symbolhandlung von großer Kraft.

Wasser ist der Lebensspender schlechthin: Ohne Wasser kein Leben, unser Körper besteht überwiegend aus Wasser. Die Wüste zeigt, wie trostlos es ohne Wasser ist, doch hat das Wasser auch zerstörerische Kraft. Überschwemmungen vernichten das Leben und lassen eine grau-braune Ödnis zurück.

Mit Überlegungen wie diesen können Sie ein Ritual mit Wasser einleiten. Wasserrituale lassen sich besonders gut am Grab ausführen – womöglich als allerletzte Geste, wenn der Sarg bereits hinabgelassen wurde. Bedenken Sie aber bei der Planung der Trauerfeier, dass das Versenken des Sarges oder der Urne ein sehr schmerzlicher Moment ist: Jetzt hat sich der Verstorbene oder zumindest das Behältnis, in dem er sich befindet, für immer den Blicken entzogen. Bei einem dramatischen Todesfall sollten Sie diesen schwierigen Moment nicht mit einem zusätzlichen Ritual belasten.

Gut geeignet sind Wasserrituale für Bestattungen von Verstorbenen, die ein langes, erfülltes Leben hatten. Für die einführenden Worte eignen sich dann Vergleiche mit dem Fluss des Lebens, womöglich bauen Sie auch die Trauerrede wie einen Flusslauf auf: vom verspielten Bächlein (Kind) über den tosenden Bach (Jugend) und den starken Fluss (Familienleben) bis zum ruhigen Strom (Alter) und Meer (Tod).

Eine zweite Brücke bildet das Wasser zu den Tränen, die Trauernde weinen. Wasser aus einem Krug auf den Sarg in der Tiefe des Grabes zu gießen – das ist eine Handlung, die Tränen fließen lassen kann.

Das Begießen mit Wasser ist zudem eine Geste, in die Sie christlich gläubige Trauergäste gut einbeziehen können: Das

Wasser, das bei der Taufe über das Köpfchen des Kindes gegossen wird, gilt als Symbol für die lebensspendende und lebensbedrohende Kraft des Wassers.

Mit folgender Einführung können Sie beispielsweise zu eigenen Gedanken anregen:

Nun haben wir unseren geliebten Vater, Großvater und Urgroßvater an seine letzte Ruhestätte gebracht, und das Wissen um den endgültigen Abschied lässt auch mir die Worte schwer werden. Als letzte Geste kann nun jeder hier einen Krug Wasser schöpfen und ihn ins Grab gießen. Das Wasser soll Symbol sein für die Tränen, die wir um ihn vergießen. Und Symbol für seine Energie, mit der er Zeit seines Lebens so viele Dinge befruchtet und belebt hat. Sein Energiefluss wird uns begleiten und unsere Tränen trocknen.

Denken Sie bei der Planung eines Wasserrituals daran, dass Sie ausreichend Wasser zur Verfügung stellen. Ein großer Wasserbottich ist selten ein ästhetischer Anblick – überlegen Sie also, wie Sie ihn verkleiden. Am einfachsten zu beschaffen und gut geeignet sind dunkle Plastikfolien für Dekozwecke. Je nach Schöpfgefäß müssen Sie für jeden Trauergast einen halben bis einen Liter Wasser rechnen, plus einem Bodensatz, den man nicht mehr ausschöpfen kann. Als Schöpfgefäß ist ein handlicher Krug mit Ausguss aus möglichst natürlichem Material wie Ton oder Glas geeignet.

Luftballons steigen lassen

Ein zauberhaftes Ritual ist das Aufsteigen lassen von Luftballons. Es eignet sich vor allem, wenn ein junger Mensch gestorben ist oder wenn viele Kinder an der Trauerfeier teilnehmen. Es ist jedoch vorschnell, dieses Ritual als kindlich abzutun: Ein Luftballon vermittelt eine solche Freude und Leichtigkeit, dass er auch Erwachsene anrühren kann. Luftballons sind beispielsweise eine schöne Geste, wenn der Tod Erlösung von einer langen, schweren Krankheit bedeutete.

Für den Charakter der Luftballon-Aktion ist die Farbe entscheidend: Für Kinder bietet sich eine große Menge bunter

Luftballons an. Soll ein eher besinnlicher, schwebender Charakter erreicht werden, wählen Sie weiße Luftballons. Diese kann man mit den Augen nicht so lange verfolgen – auch das ein Sinnbild für Abschied und Entschwinden. Sie können die Luftballons auch mit Hoffnungen und Wünschen beschriften.

Farben und Tücher

Farben haben eine starke emotionale Kraft. Mit großen bunten Tüchern können Sie Emotionen wecken und an verschiedene Facetten des Verstorbenen erinnern. Am besten eignen sich Seidentücher: Sie wirken lebendig und lassen durch ihren natürlichen Glanz alle Farben schimmern.

Während einer der Trauergäste den Text vorliest, hält ein anderer das farblich entsprechende Tuch hoch. Die Lebenserinnerungen sollten zur Farbencharakteristik passen:

Weiß: rein, jungfräulich, unschuldig, klar, vollkommen

Gelb: hell, aktiv, kommunikativ, warm, Sommer

Orange: freundlich, gute Laune, anregend, lebendig, lebhaft

Rot: kräftig, stark, potent, herzlich, aufbrausend, impulsiv

Violett: konzentriert, kräftig, individuell, souverän

Blau: klar, geordnet, weit, offen, tief, geistig, kühl

Grün: natürlich, frisch, ausgleichend, hoffnungsfroh

Braun: ruhig, warm, bodenverhaftet, erdig, gemütlich

Schwarz: ernst, traurig, vornehm, zurückhaltend

Sie müssen nicht alle Farben in die Trauerfeier einbeziehen, nur die, die auch tatsächlich eine Seite des Verstorbenen illustrieren. Ich empfehle für eine Trauerfeier maximal sieben Farben und Tücher: Das erlaubt eine große Bandbreite und wird auch nicht zu viel.

Musterablauf

Die folgenden Textbeispiele sind für Enkel bei der Trauerfeier ihrer Großmutter geschrieben:

Weiß ... weckt in mir die Erinnerung an Omas weißes Haar. Es war einfach schön, dass sie in der Fülle ihrer Jahre zu ihrem Haar stand und nicht modische Farbexperimente machte. Es verlieh ihr eine gewisse Aura der Weisheit und passte zu ihrer

Lebenseinstellung: Sie war mit sich und der Welt im Reinen und verfügte über eine Klarheit, die ich uns allen wünsche.

Violett ... war ihre Lieblingsfarbe. Violett steht für Individualität und Souveränität. Diese Eigenschaften hatte sie, und das machte sie zu einem besonderen Menschen, einem unvergleichlichen Menschen, der uns jetzt fehlen wird.

Blau ... ist die Farbe, mit der wir ihre Geisteswelt erfassen wollen. Sie war eine gebildete Frau, hat viel gelesen und war immer zu Diskussionen bereit: auch mit uns Enkeln und schon, als wir kleine Kinder waren. Bei ihr fühlten wir uns immer ernst genommen.

Schwarz ... die Farbe der Trauer und des Todes haben wir bewusst in die Mitte genommen, weil auch die Trauer besonders in den letzten Jahren, nachdem Opa gestorben war, zu ihrem Leben gehörte. Und heute müssen wir sie beerdigen – aber wir tun das in dem sicheren Gefühl, dass sie ein erfülltes Leben hatte und den Tod annehmen konnte.

Rot ... diese kräftige Farbe und den starken Gegensatz haben wir für ihre lebendige Kraft und Stärke ausgewählt. Wir wissen von unseren Eltern, dass sie unermüdlich gearbeitet hat, aber in ihren jungen Jahren war sie neben ihrer herzlichen auch für ihre aufbrausende, impulsive Art bekannt.

Orange ... so haben wir Enkel sie kennen gelernt. Freundlich, warm, fast immer gut gelaunt, lebhaft. Wir waren auch immer stolz auf unsere Oma – weil sie so lebhaft war, so wach. Überhaupt nicht so, wie man sich als junger Mensch eine Frau mit über 70, über 80, und zuletzt fast 90 Jahren vorstellt. Sie ist ein Vorbild für uns, dem wir nacheifern werden.

Gelb ... das ist die warme Farbe des Sommers, und wir erinnern uns damit an die Sonne, die sie in unser aller Leben gebracht hat. Ob im Winter mit heißer Schokolade am Sonntag Nachmittag oder im Sommer mit Kinderbrause mit Strohhalm. Aus dem Alter sind wir heraus, aber die Sonne, die Wärme, die sie ausstrahlte, die wollen wir in unserem Herzen bewahren.

Nach dem Verlesen der Texte bilden alle Tuchträger einen Halbkreis um den Sarg oder die Urne, halten die Tücher hoch und geben den Anwesenden Zeit, sich im Betrachten der Farben noch einmal an die Verstorbene zu erinnern.

Wie bei jeder rituellen Handlung sollten Sie sich überlegen, wie Sie sie beenden und was mit den Gegenständen geschieht, die Sie einbezogen haben. Die farbigen Tücher können Sie den nächsten Angehörigen schenken, im Beispielfall etwa den Kindern und deren Ehepartnern. Dann bekommen die Tücher einen Erinnerungswert. Sie können die Tücher aufbewahren für eine 40-Tages-Gedenkfeier: Dort lenken die Tücher die Konzentration auf die verstorbene Großmutter. Dann werden die Tücher wieder verwahrt und bei jedem Jahresgedenken hervorgeholt. Oder Sie legen die Tücher auf den Sarg und bei der Beerdigung mit ins Grab beziehungsweise in den Sarg.

Entsprechend der weiteren Verwendung der Tücher sollten Sie auch die Abschlussworte des Rituals formulieren, etwa:

Großmutter war immer ein großzügiger Mensch und hat viele reich beschenkt. Durch ihre Art und mit tatsächlichen Geschenken. Deshalb wollen wir diese Tücher, die ja jetzt eine letzte Erinnerung an sie bilden, ihren Kindern, unseren Eltern schenken. Wir wünschen Euch, dass diese Tücher Euch immer an Mutter und Schwiegermutter erinnern. Und an das Glück, dass sie so lange gelebt hat und uns mit ihrer Liebe und warmherzigen Art umgeben hat.

Dias

Die landläufigen Trauerhallen sind weiß und schlicht, um nicht zu sagen kalt, und oft lassen kleine oder ungünstig gebaute Fenster nur wenig natürliches Licht in die Halle. Das erschwert es, eine warme Stimmung herzustellen, die in der Zeit der Trauer und des Schmerzes so unbedingt nötig wäre.

Aber man kann diese Düsternis nutzen, um in eine Trauerfeier Dias einzubauen. Die Dias können zum Beispiel Fotos des Verstorbenen zeigen: Anhand der Fotos entwickelt sich die Trauerrede und erinnert an verschiedene Lebensstationen oder -situationen. Es könnte auch zu jedem Foto ein anderer Freund oder Angehöriger sprechen: So entsteht ein vielgestaltiges und authentisches Erinnerungsbild.

Einen ganz anderen Charakter bekommt die Trauerfeier, wenn Sie Dias zeigen, die der Verstorbene selbst gemacht hat:

Aufnahmen aus dem Urlaub, Naturaufnahmen, Stillleben. Dazu können Sie Erinnerungen vortragen. Naturaufnahmen eignen sich gut für meditative, tröstende Texte. Womöglich gibt es auch ein Motiv, das er besonders liebte, das einen herausgehobenen Platz in der Wohnung hatte: Dann bildet dieses eine Foto den Ausgangspunkt für Trauerrede, Meditation und Abschied.

Kunstwerke können als Dia Farbe und Stimmung in eine Trauerfeier hineintragen. Gab es ein Bild, das er liebte, einen Maler, von dem er schwärmte, eine Kinderzeichnung, die seit Jahren in der Küche hing? Selbstverständlich soll die Ansprache zu einem solchen Bild nicht in eine kunsthistorische Betrachtung ausarten. Eine Trauerrede, die von einem Bild ausgeht, können Sie anhand der folgenden Fragen aufbauen:

- Wo hing das Bild?
- Welche konkrete Erinnerung verbinden Sie damit? Letzter Besuch?
- Seit wann hing das Bild da? Hat es den Verstorbenen durch verschiedene Wohnungen begleitet?
- Was sagte der Verstorbene zum Bild? Warum mochte er es?
- Was sagt es über ihn: seine Vorlieben, sein Wesen?
- Kann das Bild oder die Aussage des Verstorbenen zum Bild der Trauergemeinde einen Trost, eine Hoffnung vermitteln, mit der Sie Ihre Ansprache abschließen können?

Auch Kunstwerke, die der Verstorbene selbst geschaffen hat, eignen sich für die Gestaltung der Trauerfeier. Viele Menschen üben sich im Laufe ihres Lebens irgendwann in Malerei, und oft hängt irgendwo ein eigenes Werk. Menschen, die infolge einer Krankheit, von der sie schon lange wussten, sterben, finden oft zur Malerei oder zu einer anderen kreativen Ausdrucksform.

Wenn Sie Dias in einer Trauerfeier verwenden wollen, testen Sie die Örtlichkeiten vorher und organisieren Sie rechtzeitig die technische Ausrüstung: Sie brauchen einen Diaprojektor, einen Standtisch, eine Möglichkeit, die Höhe zu verstellen, wenn der Projektor keine verstellbaren Füße hat.

Ist die weiße Wand als Projektionswand geeignet, oder hat sie einen rauen Putz, Fugen oder Vorsprünge, die das Bild stören? Wo ist die nächste Steckdose? Wie lang muss das Verlängerungskabel sein? Woher bekommen Sie eine mobile Projektionswand? Ist sie groß genug für die ganze Trauergemeinde? Passt sie ins Auto? Kann man sie irgendwo stehen lassen, oder muss sie vor der Trauerfeier aufgebaut und danach sofort wieder abgebaut werden?

Schließlich die Dias selbst: Haben Sie Dias von den Fotos/Werken, die Sie zeigen wollen? Wer macht die Dias? Wie lange dauert das? Wenn Sie keine fotografische Erfahrung haben, rate ich Ihnen davon ab, selbst Dias von Fotos oder Kunstwerken anzufertigen, da Diafilme sehr intolerant gegenüber Belichtungsfehlern sind. Professionelle Fotostudios, Fotografen und große Labors übernehmen solche Arbeiten und führen sie innerhalb von ein bis zwei Tagen aus.

Gegenstände des Verstorbenen

So wie Sie ein Kunstwerk in eine Trauerfeier einbeziehen, können Sie das auch mit vielen anderen persönlichen Gegenständen machen, die eine besondere Bedeutung für den Verstorbenen hatten, zum Beispiel:

- Uhr
- Schmuckstück
- Hut, Schuhe, Kleidungsstück
- Buch, Musiknoten
- Sportgerät
- Musikinstrument
- Werkzeug
- Flasche Wein

Möglicherweise legen Sie diesen Gegenstand am Ende der Trauerfcier in den Sarg.

Blumen

Relativ bekannt ist die Sitte, zum Abschied Blumen in das Grab zu werfen.

Ungewöhnlicher ist die Idee, während der Trauerfeier ein Grabgesteck entstehen zu lassen: Bitten Sie bei der Einladung alle darum, zum Beispiel eine Rose mitzubringen. Bei der Trauerfeier werden dann alle aufgefordert, ihre Blume als letztes Geschenk an den Verstorbenen in einen vorbereiteten Schwamm zu stecken. Das kann mit Wünschen für die Verstorbenen oder die Hinterbliebenen verbunden werden:

- *Mit dieser Blume danke ich ... dafür, dass er immer ein so geduldiger Zuhörer war.*
- *Meine Blume ist zartgelb, weil das die Lieblingsfarbe von ... war.*
- *Mit dieser Blume wünsche ich den Kindern von ..., dass sie trotz der Trauer auch den Weg zurück in das schöne Leben wieder finden.*

Trostbecher

Eine konkrete Unterstützung für die Trauernden ist ein Stärkungstrunk aus einem Trostbecher. Sie können ihn nur dem engsten Kreis der Angehörigen und Freunde zukommen lassen oder aber einen oder mehrere Kelche reihum gehen lassen, von denen jeder einen Schluck nimmt.

Auch wenn es mehr um die rituelle Botschaft geht (»Wir stärken uns aus diesem Kelch«), darf der Kelch durchaus ein nahrhaftes Getränk enthalten. Das Getränk sollte lauwarm oder kalt sein, so dass man einen kräftigen Schluck nehmen kann. Wenn Kinder oder alkoholkranke Menschen unter den Feiernden sind, sollten Sie auf Alkohol verzichten. Mögliche Stärkungsgetränke sind:

- Milch mit Honig, gewürzt mit Kakao, Zimt, Nelken oder Muskat
- Holundersaft mit Honig gesüßt
- Starker Früchtetee mit Honig gesüßt
- Dunkles Bier mit Honig
- Süßer Wein, möglicherweise mit Honig oder Muskat gesüßt

▌Diese Getränke sollen Ihnen Anregung sein, selbst einen Stärkungstrunk zusammenzustellen. Bevorzugen Sie Honig zum Süßen, da er gut vertragen wird, den Magen stärkt und die Seele wärmt. Zum Würzen können Sie auf die bekannten Gewürze der Weihnachtsbäckerei zurückgreifen: Sie sind alle sehr bekömmlich und wärmen. Wählen Sie keine anregenden Getränke wie Kaffee. Schwarztee sollten Sie fünf Minuten ziehen lassen, dann verliert er seine aufputschende Wirkung.

Holundersaft ist besonders zu empfehlen, da der Holunder ein Grenzbusch ist. Er steht oft auf Grenzen: am Waldrand, auf der Grundstücksgrenze an einer Hausmauer oder Bretterwand. In der Naturmedizin hilft er, die Abwehrkräfte des Körpers zu stärken und Krankheitserreger abzuwehren. In der Trauer, die den Menschen aus dem Gleichgewicht bringt, ist dies eine große Hilfe. Der Holunder ist sehr widerstandsfähig: Wer einmal versucht hat, einen Holunderbusch abzusägen oder auszugraben, wird dies bestätigen. Zudem vereinigt der Holunder Gegensätze in sich und wirkt ausgleichend. Seine Blüten sind weiß und duften betörend, seine Beeren sind schwarz und schmecken recht herb: Weiß und Schwarz, hell und dunkel, Leben und Tod.

Tanz

Tanz assoziieren viele Menschen unserer Kultur mit Paartanz, aber der Trauertanz ist ein Rundtanz. Trauertänze gibt es in vielen Kulturen, und vielen ist eines gemeinsam: Sie gehen zwei Schritte vor und einen zurück. Das ist der Weg des Lebens, aber noch viel mehr der Weg der Trauer: Man macht zwei Schritte nach vorn und wird wieder einen zurückgeworfen, oder: Man muss zwei Schritte vorwärts gehen und ist dankbar, einen zurück gehen zu dürfen.

Grundsätzlich gibt es zwei Formen von Trauertanz. Der Rundtanz in geschlossener *Kreisform* sollte, wenn möglich, rund um den Sarg oder die Urne erfolgen. Bei größeren Gruppen können sich auch zwei oder drei konzentrische Kreise bilden. Bei der zweiten Tanzform werden die Teilnehmer in *Spiralform* auf den Verstorbenen in der Mitte zu- und dann wieder herausgeführt. Dieses Hineingehen in die Mitte zum Verstorbenen und wieder Herausgehen ins Leben entspricht auch der Symbolik des Labyrinths, das Sie im Kapitel »Gedenkfeiern« (Seite 128 ff) näher beschrieben finden.

Rituelle Tänze für große Gruppen sind immer einfach, die

Schrittkombination ist mit einem Satz erklärt, jedes Kind und auch alte Menschen, die nicht mehr so gut zu Fuß sind, können mitmachen. Selbst Rollstuhlfahrer, wenn es nicht zu viele in der Gruppe sind, können einbezogen werden. Ähnlich wie beim Chorgesang kommt die Gruppe in einen gemeinsamen Rhythmus, man trägt sich gegenseitig, spürt die Energie und ist Teil eines großen Ganzen.

Einen rituellen Tanz durchzuführen bedarf einiger Erfahrung und geeigneter Musik. Dafür sollten Sie sich der Hilfe einer professionellen Tänzerin oder Tanzgruppenleiterin, meist sind es Frauen, versichern. Entsprechende Kontakte bekommen Sie zum Beispiel über Volkshochschulen oder über das Internet. Wenn Sie ein Tanzritual wünschen, haben Sie vermutlich Tanzerfahrungen und können eigene Kontakte zu Tanzleiterinnen nutzen.

Aus der Gruppe heraus kann den Tanz nur eine erfahrene Tänzerin leiten: Einem erfahrenen Laien hilft es, wenn sich weitere Menschen mit Tanzerfahrung unter den Trauernden befinden.

Von einem Tanzritual würde ich abraten, wenn keiner in der Trauergemeinde einschlägige Erfahrungen hat. Dann ist das Ritual zu aufgesetzt und schwierig und lenkt durch seinen Neuheitswert von der Trauer und vom Abschied ab.

Sarg- und Grabbeigaben

Ich habe nicht herausgefunden, wann die Tradition der Grabbeigaben abgebrochen ist. In vielen Kulturen waren Grabbeigaben Gaben, die die Lebenden dem Verstorbenen mitgeben. Relativ bekannt ist die Münze, die ein Toter im Altertum brauchte, um den Fährmann über den Unterweltfluss bezahlen zu können.

Mit Grabbeigaben können Sie heute zwei verschiedene Dinge ausdrücken: Sie geben dem Verstorbenen etwas mit, was ihn begleiten soll. Oder Sie legen etwas in den Sarg, wovon Sie sich verabschieden und was damit zugleich ein Teil des Abschieds ist, den Sie vom Verstorbenen nehmen.

Wenn Sie die Sargbeigabe zum Ritual bei einer Abschieds- oder Trauerfeier machen wollen, kann jeder im Kreis kurz sagen, warum er diese Gabe gewählt hat, woran sie ihn erinnert, und was er in Zukunft damit verbindet. Solche Aussagen würde ich allerdings nur im kleinen, vertrauten Rahmen machen lassen: Die Aufbahrungszeit oder eine kleine Abschiedsfeier vor dem Verschließen des Sarges bieten entsprechende Gelegenheiten.

Bei einem Trauerkreis von 50 oder 100 Menschen können aus Platzgründen nur kleine Sargbeigaben gestattet werden, zum Beispiel Fotos: Lassen Sie jeden Besucher ein Foto von sich mitbringen – es kommt nicht auf die Qualität an. Auf die Rückseite des Fotos (oder ersatzweise eines Zettels) schreibt jeder seinen Wunsch für den Verstorbenen und befestigt ihn am Sargdeckel. Oder die Wünsche werden vor dem Verschließen des Sarges von jedem Einzelnen verlesen und innen am Sargdeckel festgeklebt.

Blumen sind eine beliebte Grabbeigabe: Ein Strauß Blumen

steht am Sarg. Einer nach dem anderen nimmt sich eine Blume, tritt vor den Sarg, spricht einige persönliche Erinnerungs- und Abschiedssätze und legt die Blume zum Verstorbenen.

Glastränen

Eine schöne Symbolik haben »Glastränen«: Jeder nimmt zu Beginn der Feier einen Glastropfen (gibt es in Deko-Geschäften) oder eine Glasmurmel aus einer bereitgestellten Schale. Beim Ritual läuft eine kleine Schatulle oder ein Gefäß ringsum (eventuell aus dem Besitz des Verstorbenen). Jeder gibt seine Glas»Träne« in das Gefäß und erklärt dabei, für welchen Schmerz, für welchen Teil der Trauer die Glasträne steht.

Das gefüllte Tränengefäß geht ein zweites Mal reihum, und jeder gibt einen Wunsch oder einen Satz der Hoffnung für die Runde dazu. Zum Abschluss wird das Gefäß »mit unseren Tränen, mit unseren Wünschen und unseren Hoffnungen« zum Verstorbenen gelegt und mit ihm verabschiedet.

Diese Rituale können Sie auch auflösen und über die Aufbahrungszeit verteilt von den Besuchern einzeln durchführen lassen. Erklären Sie die symbolträchtige Handlung schriftlich, damit sich auch Menschen, die in Ihrer Abwesenheit den Verstorbenen besuchen, beteiligen können. Zwar fehlt dann das stärkende Gemeinschaftserlebnis, aber auch von 50 Rosen, die nach und nach auf den Verstorbenen gelegt werden, geht eine tragende Kraft aus.

Zum Teil werden Sargbeigaben durch behördliche Auflagen erschwert: Kein Kunststoff, kein Metall, nichts »Giftiges« darf in den Sarg und unter die Erde gelangen. Nicht alle Friedhofsordnungen sind so restriktiv, und vor allem Bestatter, die den Wert eines persönlichen Abschieds erkannt haben, sind recht großzügig bei der »Kontrolle« der Sargbeigaben. Prinzipiell besteht eine große Vielfalt an Möglichkeiten für Grabbeigaben: Briefe, Gedichte, Fotos, Freundschaftsringe oder -bänder, Amulette, Talismane, Glücksbringer, eine Erinnerung an einen gemeinsam verbrachten Urlaub, an ein gemeinsames Hobby, Zweige, Steine, oder, sehr persönlich: eine Locke.

Wünsche, Bitten und Segen

Fürbitten heißen sie im katholischen Gottesdienst, aber Bitten und Wünsche sollten Bestandteil jeder Trauerfeier sein. Sie bilden das Element Hoffnung inmitten der Trostlosigkeit nach dem Tod.

Bitten und Wünsche können Sie in vielfältiger Form in die Trauerfeier einbauen:

- Sie erarbeiten Texte für die Bitten in einer gemeinsamen Runde. Verschiedene Sprecher tragen die Bitten bei der Trauerfeier vor.
- Ein Sprecher trägt die Bitten vor.
- Alle lesen die Bitten gemeinsam.
- Männer und Frauen lesen abwechselnd.
- Verschiedene Sprecher erarbeiten jeder für sich eine Bitte, die sie dann vortragen. Die Themenbereiche müssen vorher abgesprochen werden.
- Die Bitten sind Teil eines Rituals und werden spontan von allen Teilnehmern formuliert.

Schreiben Sie vorher ausformulierte Bitten auf ein schönes Blatt Papier und überreichen Sie es anschließend dem nächsten Angehörigen. Ideen für eine besondere Gestaltung finden Sie auf Seite 137 f.

Mustertexte

Inhaltlich sind den persönlichen Wünschen und Hoffnungen keine Grenzen gesetzt. Wenn Sie die Wünsche als Gruppe vorbereiten, sollten Sie bei der Themenfindung immer vom Verstorbenen ausgehen, und daraus die Kraft und Hoffnung für die Zukunft ziehen, zum Beispiel:

- *... war ein kreativer Mensch. Ich wünsche mir, dass wir beim Anblick ihrer Bilder nicht nur traurig sind, sondern uns auch weiterhin an ihnen freuen, weil sie so kräftig und bunt sind.*
- *... war ein praktischer Mensch, die im Beruf und im Haushalt nie viel Aufheben um ihre Fähigkeiten machte. Ich wünsche mir, dass dieser praktische Alltagsgeist auch auf uns ein bisschen abfärbt und uns über die Trauerzeit rettet.*
- *Ich erinnere mich an ... und ihre Engel, die sie in allen Formen gesammelt hat. Trotz ihrer beruflichen Erfolge ist sie immer auch ein wenig Engel geblieben. Ich wünsche mir, dass ihr liebes Wesen uns in Erinnerung bleibt und als guter Geist unter uns herrscht.*
- *... las gerne und viel und konnte gut von Büchern erzählen. So wie sie sich beim Lesen oft in fremden Gedankenwelten bewegte, so wünsche ich mir, dass wir uns in Gedanken mit ihr verbinden können.*

Die drei Punkte ... stehen für den Namen der Verstorbenen. Es ist schmerzlich, den Namen auszusprechen, aber es hilft, den Tod zu begreifen.

Bitten können ganz einfach ausgedrückt werden und sich ausschließlich an den Verstorbenen richten, zum Beispiel:

- *..., ich hoffe, es geht Dir jetzt gut.*
- *..., ich wünsche Dir, dass Du keine Schmerzen mehr leidest.*
- *Ich hoffe, dass Deine Energie Dich in Dein neues Leben begleitet.*
- *Ich bitte alle Götter und Geister darum, dass Sie Dir, ..., Ruhe geben.*
- *..., ich spüre, dass Du bei der großen Erdenmutter angekommen bist.*
- *..., Du bist erlöst, und ich weiß, dass wir uns wiedersehen.*
- *Ruhe in Frieden.*
- *Gott ist gütig und wird Dich aufnehmen.*

Diese Wünsche sind bewusst religiös beziehungsweise weltanschaulich formuliert, denn die Bitten für einen Verstorbenen sind immer auch abhängig von den Jenseitsvorstellungen: Was kommt nach dem Tod? Nichts, eine Strafe, eine Prüfung, das Paradies, ein neues Leben, ein anderer Energiezustand?

Niemand soll sich in den Wünschen für den Verstorbenen zu etwas zwingen, was ihm nicht entspricht, oder gar etwas bekennen, was er nicht glaubt. Mögliche Formulierungen sind:

- *…, ich wünsche, dass Du Aufnahme bei Deinen Heiligen findest.*
- *…, Du hast Dich vor Jahren schon von unserer Religion abgewandt. Wir beten, dass Du Deinen Frieden findest.*
- *…, in Glaubensdingen konnte ich Dir schon lange nicht mehr folgen, und nun gehst Du Deinen Weg zu Deinem Gott. Mögest Du gut ankommen.*
- *…, Dein Körper geht ins Nichts. Doch uns bleibt die Erinnerung an eine starke Persönlichkeit.*
- *…, Du hast Dein Leiden ertragen im Glauben an Deinen Gott, und er gab Dir die Kraft zum Sterben. Ich habe Deine Ruhe im Tod gesehen, und das gibt mir Kraft.*

Bitten und Wünsche für die Hinterbliebenen passen gegen Ende der Feier am besten, weil sich von da aus der Blick in die Zukunft richten kann. Bitten, die sich nur an den Verstorbenen richten, sind gut in Rituale einzubetten, in denen man dem Verstorbenen etwas gibt.

Wünsche können sich auch an die Allgemeinheit richten, an die gesamte Menschheit, an Notleidende oder bereits Verstorbene. Diese Form passt vor allem dann, wenn der Verstorbene ein Mensch war, der sich karitativ engagiert hat oder immer viel für andere da war.

Lieber …, Du hast vielen von uns geholfen, und das Leid anderer hat Dich immer berührt. Deshalb bitten wir in Erinnerung an Dich:
- *Um Kraft für alle, die den Tod verdrängen.*
- *Um Trost für alle, die traurig sind.*
- *Um Nahrung für alle, die Hunger leiden.*
- *Um Freiheit für alle, die eingeschlossen sind.*
- *Um Gesundheit für alle Kranken.*
- *Um Selbstbewusstsein für alle, die immer anders sein wollen.*
- *Um Gelassenheit für alle, die festhalten wollen.*

Bitten wie diese können unter Einbeziehung einer höheren Macht erfolgen, je nachdem, woran der Verstorbene geglaubt

hat. In einer gemischt gläubigen Trauergemeinde ist es angebracht, dass jeder für sich die Bitten an die höhere Macht richtet, die für ihn Gültigkeit hat. Das schafft unter Umständen
mehr Gemeinsamkeit und Zusammengehörigkeitsgefühl, als
einen Glauben zum allein selig machenden zu erheben und damit alle anderen von der Möglichkeit auszugrenzen, mit ihrer
innersten Überzeugung an der Trauerfeier teilzunehmen.

Segen

Eine besondere Form der Zuwendung ist der Segen. Den
meisten Menschen in unserer christlich geprägten Kultur ist er
nur als Handlung von Priestern bekannt. Aber selbst in der
Kirche ist der Segen etwas, was auch Laien spenden können.

Ohne Glaubenshintergrund betrachtet ist der Segen eine
mentale und energetische Zuwendung: Wir wünschen Kraft
und Wohlergehen. Wir wenden uns einem Menschen zu, wir
meinen es gut mit ihm und geben ihm etwas. Auch der Körper
macht diese Aussage mit: Der Segnende wendet sich dem
Hilfsbedürftigen zu und führt mit den Händen eine schützende
oder stärkende Geste aus.

Magische Zeichen und Rituale verschiedenster Herkunft
haben ein ähnliches Ziel wie Segen. Wenn Sie entsprechende
Rituale kennen und praktizieren, dann sollten sie deren Kraft
auch in der Trauerfeier nutzen. Beachten Sie dabei aber, ob die
Angehörigen und Freunde ihre Magie akzeptieren können.

Auch ohne magischen, esoterischen oder religiösen Hintergrund können Sie mit einfühlsamem Menschenverstand und
aus eigener Kraft heraus die Trauernden segnen.

Stellvertretend will ich hier einen Segen von Sabine Naegeli
vorstellen, zitiert im Buch »Selig sind die Trauernden«, hrsg.
von Angelika Daiker:

Gesegnet deine Trauer,
dass du nicht erstarrst vor Schmerz,
sondern Abschied nehmen
und dich behutsam lösen kannst,
ohne dich verloren zu geben.

Gesegnet deine Klage,
dass du nicht verstummst vor Entsetzen,
sondern herausschreien kannst,
was über deine Kraft geht
und dir das Herz zerreißt.

Gesegnet deine Wut,
dass die Entmutigung dich nicht überwältige,
sondern die Kraft in dir wachse,
für dich zu kämpfen,
trotzdem dein Leben zu wagen.

Gesegnet deine Einsamkeit,
dass du Raum findest, Vergangenes zu ordnen,
ohne schnellen Trost zu suchen
und in blinder Flucht
neues Unheil auf dich herabzuziehen.

Gesegnet du,
dass du Unsicherheit aushalten
und Ängste verstehen kannst,
bis du wieder festen Grund spürst
unter deinen Füßen
und ein neuer Tag dir sein Licht schenkt.

Segnen können sich Menschen in einer Trauerfeier auch gegenseitig. Entweder sie finden sich zu Paaren zusammen und segnen jeweils einer den anderen, oder der Segen erfolgt im Kreis: Man segnet die links von einem stehende Person und empfängt dann den Segen von der Person rechts.

Bei einem individuellen Segen ist es schön, wenn der Segnende den Gesegneten berührt: ihm die Hände auf den Kopf legt, den Kopf zart zwischen die Hände nimmt, mit den Händen die Oberarme umfasst oder mit den Unterarmen (Handflächen nach oben) waagerecht die ebenfalls waagerechten Unterarme des Gesegneten (Handflächen nach unten) trägt. Die Intensität der körperlichen Berührung ist davon abhängig, wie nahe sich die beiden stehen.

Segenssprüche können individuell erdacht oder vorgegeben werden. Der obige Segen von Sabine Naegeli gibt viele Anregungen, gesegnet werden können aber auch einzelne Körperteile, Handlungen, Zeiten, einfach alles, was ein Mensch fühlt, denkt und tut, zum Beispiel:

- *Ich segne Deine Gedanken, dass sie immer wieder aus dem Grübeln heraus ins Leben zurückfinden.*
- *Ich segne Dein Gesicht, damit es die Tränen aushalten und Lachen zulassen kann.*
- *Ich segne Deine Schultern, damit sie Dir Kraft geben, die kommende Zeit zu tragen.*
- *Ich segne Dein Herz, damit es die Liebe findet, die der Quell allen Trostes ist.*
- *Ich segne Deine Mitte, damit Du Dein eigener Quell der Stärke bist.*
- *Ich segne Deinen Mut, der Dich durch die Trauer trägt.*
- *Ich segne Deine Tränen, die den Schmerz von Dir lösen.*
- *Ich segne Deine Kreativität, damit Du immer wieder Wege findest, die Dich weiter tragen.*

Salbung

Das Segnen lässt sich gut mit einer Salbung verbinden. Die Salbung ist eine uralte rituelle Form der Zuwendung. Sie hat einen starken tröstenden und heilenden Aspekt, weshalb das »Segnen und Salben« vor allem bei Gedenkfeiern geeignet ist, zum Beispiel nach 40 Tagen, am Geburtstag oder Todestag des Verstorbenen.

Für ein Salbungsritual verwenden Sie Olivenöl (extra vergine) und aromatisieren es mit einigen Tropfen ätherischem Öl: 20 bis 30 Tropfen ätherisches Öl auf 100 ml Olivenöl, in einer Flasche gut miteinander verschütteln und möglichst einen Tag stehen lassen. Geeignete ätherische Öle finden Sie auf Seite 93 f. Fachgeschäfte bieten aromatisierte Körperöle an: Wählen Sie eine beruhigende, ausgleichende, harmonisierende Mischung.

Am Beginn des Rituals geben Sie das Salböl in eine flache Schüssel oder eine Schale. Wählen Sie eine schöne Schale, denn Schönheit spricht die Sinne an. Außerdem muss die Schale gut herumzureichen sein.

Wie das Segnen erfolgt das Salben entweder paarweise gegenseitig oder reihum. In jedem Fall wird, nachdem das Ritual erklärt wurde, die Schale herumgereicht; und jeder Zweite taucht die Fingerkuppen seiner starken Hand (Rechtshänder rechts, Linkshänder links) leicht in das duftende Öl. Der Empfangende formt die Hände wie zum Wasser schöpfen, der Salbende trägt mit der einen Hand die empfangenden Hände von unten und salbt mit den benetzten Fingerkuppen in die Handteller. Dabei spricht er einen Segen, der beginnt mit »Ich salbe Dich, damit ...« oder »Sei gesalbt, damit ...«.

Es können auch alle denselben Satz sprechen, zum Beispiel: *Sei gesalbt, damit Deine Wunden heilen und Du glücklich wirst.*

Grabgestaltung

Kreuz am Grab

Es ist in unserem christlich geprägten Kulturkreis üblich, dass für die Zeit, in der der Grabstein noch fehlt, ein Holzkreuz mit Namen und bisweilen auch Lebensdaten auf dem Grab steht. Für Menschen, die sich vom christlichen Glauben verabschiedet haben, kann das Kreuz eine unpassende Form sein, ohne jeden Erlösungs- und Auferstehungsaspekt: weil es ein martialisches Symbol ist, ein Folterwerkzeug oder einfach, weil es an die Kirche erinnert und diese Assoziation als störend empfunden wird.

Überlegen Sie deshalb, ob Sie das Kreuz nach der Beerdigung auf dem Grab haben wollen.

Wenn ja, dann sollten Sie das Kreuzsymbol in die Grablegung mit einbeziehen und mit Sinn belegen, damit es bei künftigen Grabbesuchen einen Erinnerungs- und Symbolwert besitzt. Wenn nein, sollten Sie sich Alternativen überlegen, die vorher mit der Friedhofsverwaltung abzuklären sind. Im Allgemeinen werden nur naturnahe Materialien zugelassen, Kunststoffe sind untersagt.

Holz ist das unkomplizierteste und preiswerteste Material. Sie müssen es ja nicht in Kreuzform aufstellen: Ein breites Brett oder ein Balken können für eine Übergangszeit das Grab bezeichnen. Sie müssen breit genug für den Namen sein. Bei sehr langen Namen setzen Sie die Buchstaben untereinander. Wenn Sie das Holz oben schräg absägen oder abrunden, verliert es seinen rohen Charakter und wird zur Stele.

Holz ist einfach zu beschriften: Wenn Sie nicht die entsprechenden Dienste des Bestatters in Anspruch nehmen wollen, können Sie das mit Farbe und Pinsel selbst bewerkstelligen. Verwenden Sie lösungsmittelfreie Lacke, da viele Friedhofsordnungen das vorschreiben.

Wenn Sie Zeit und Spaß daran haben, können Sie die Holzstele zusammen mit Freunden, Verwandten oder Kindern gestalten. So wird die Stele zum Anknüpfungspunkt, den Sie in die Trauerfeier einbeziehen, der Sie durch die Feierlichkeiten begleitet und am Ende, wenn das Grab verschlossen ist, gemeinsam aufgestellt wird. Das ist ein schöner Abschluss einer Trauerfeier, der alle, die dabei sind, bei einem späteren Besuch am Grab verbindet: Man steht allein am Grab, fühlt sich aber in einer Gemeinschaft von Trauernden: Das hilft und trägt.

Totenbrett

Totenbretter haben im Bayerischen Wald und Böhmerwald sowie in Oberösterreich eine lange Tradition: Bevor die Bestattung in Särgen zur Pflicht wurde, lagen die Verstorbenen auf Brettern und wurden dann in Leinentüchern beerdigt. Die Totenbretter wurden anschließend beschriftet und bemalt, die Spitzen meist kunstvoll geschnitzt und entlang der Friedhofsmauer oder der Straße aufgestellt. Die »Zäune« aus Totenbrettern existieren heute noch mancherorts.

Wenn Sie in Süddeutschland ein Grab mit einem Brett kennzeichnen, können Sie bei der Beerdigung an diese Tradition erinnern und eigene Gedanken über den Tod einflechten.

Zeichen aus Stein

Eine Alternative zu Holz ist Stein. Nehmen Sie einen einfachen, großen Flusskiesel, einen kleinen Felsbrocken oder eine Steinplatte, schreiben Sie den Namen des Verstorbenen darauf und überziehen Sie ihn mit Klarlack. Die Größe sollte so sein, dass eine Person den Stein tragen und niederlegen kann. Der Stein liegt für die Übergangszeit bis zum richtigen Grabstein vorn am Grab.

Möglich sind auch mehrere Steine, zum Beispiel vier Steine für Vorname, Zuname, Geburtstag und Todestag oder je ein Stein für die Buchstaben des Namens. Die Steine können Sie wie die Holzstele in die Trauerfeier einbeziehen und nach dem Verschließen des Grabes gemeinsam niederlegen. Wenn später der endgültige Grabstein folgt, nehmen Sie die Steine als

Erinnerung mit nach Hause oder geben sie entfernt wohnenden Angehörigen mit, die sich damit ihren eigenen, nahegelegenen Trauerort schaffen können.

Bei Bestattungen im kleinen Rahmen gibt es bisweilen die Überlegung, das Grab für die erste Zeit überhaupt nicht mit Namen zu kennzeichnen. Davon würde ich abraten: Bedenken Sie, dass es entfernte Freunde, Nachbarn oder Kollegen geben kann, die mit einem Besuch am Grab einen persönlichen Abschied nehmen wollen. Der Name am Grab ist schlicht eine Hilfe, das richtige Grab zu identifizieren, was vor allem auf städtischen Friedhöfen keine leichte Aufgabe ist.

Zeichen für Verbundenheit

Die Alternative zu Nicht-Kreuzen ist eine kirchenunabhängige Interpretation des Kreuzes. Zum Beispiel gibt es eine Hieroglyphe in Form des Kreuzes, die für »kosmische Kraft« steht. Wem das zu aufgesetzt erscheint, der sollte auf jeden Fall die Finger davon lassen. Meiden Sie falsches Pathos oder pseudo-meditative Elemente, denn sie verletzen die Gefühle der ohnehin stark belasteten Trauergemeinde.

Musterrede
Wenn Sie nach einer Bestattung ohne Pfarrer und Kirche ein Kreuz mit dem Namen des Verstorbenen aufs Grab stellen wollen, könnten Worte in der folgenden Art angemessen sein:

Liebe Freunde, liebe Verwandte.
Jetzt ist das Grab von Martina verschlossen. Ihre Asche ruht tief in der Erde.
Wir haben ein einfaches Holzkreuz gestaltet, das auf ihrem Grab stehen wird, bis der Grabstein fertig ist. Das Kreuz mit seiner vertikalen und horizontalen Linie ist ein Symbol für die Verbindung mit Erde und Himmel und mit der Umwelt. Martina hat sich immer als Teil der Natur begriffen, eingebunden in den Kreislauf des Werdens und Vergehens. Ich möchte Euch einladen, dieser Verbindung nachzuspüren.
Es wäre schön, wenn Ihr alle die Augen schließen könntet. Wer Angst hat oder unsicher ist, kann sie auch offen halten.

Stellt Euch fest auf beide Füße und spürt an den Fußsohlen die Verbindung zur Erde. Verteilt Euer Gewicht gleichmäßig auf die ganzen Füße, auf Fersen, Ballen und Zehenspitzen, und spürt, wie dieser feste Stand Euren ganzen Körper aufrichtet. Senkrecht steht Ihr wie die senkrechte Säule des Kreuzes.

Ihr steht auf dem Boden, seid mit der Erde verbunden. Eure Beine tragen Euch. Die Arme hängen locker neben Eurem aufgerichteten Leib. Die Schultern sind entspannt. Atmet ruhig ein und aus. Spürt, wie Eure Nase die Luft aufnimmt und wie die Brust sich weitet, sich hebt und senkt. Die den Kopf noch gesenkt haben, heben ihn.

Spürt die Freiheit. Die Freiheit Eurer Gedanken, die überall hin wandern können: von der Bodenhaftung bis hoch in den Himmel. Die Freiheit, die größer und weiter ist, als es Luft zum Atmen gibt. Die Freiheit, die Raum und Zeit ignorieren kann.

Wir erinnern uns an Martina, der wir durch die Erde verbunden sind und die in unserem Herzen und in unseren Gedanken immer bei uns bleiben wird.

Spürt Ihr Martina in Eurer Mitte, im Herzen und im Bauch? Lacht sie, oder weint sie? Oder fehlt sie einfach, weil es so unbegreiflich ist, dass wir sie nicht mehr bei uns haben? Wenn Euch danach ist, lasst die Tränen fließen, auch mit geschlossenen Augen: Ihr seid nicht allein.

Spürt Eure Mitte und hebt nun ganz, ganz langsam die ausgestreckten Arme nach rechts und links. Vorsichtig, denn Ihr habt Nachbarn, Menschen um Euch.

Spürt die Berührung, die vorsichtige Berührung, das Vorbeistreichen der Hände und Arme.

Nun bilden wir alle mit unseren ausgestreckten Armen die waagrechte Linie des Kreuzes. Wir erleben, was diese Waagerechte bedeutet: die Verbindung mit der Umwelt, mit den Menschen neben uns, mit Pflanzen, Tieren und Dingen, die uns umgeben, nach denen wir tagtäglich die Arme ausstrecken, um sie zu berühren und uns mit ihnen zu verbinden.

Martina war ein Mensch, der die ganze Welt umarmen konnte. Wir können sie nicht mehr umarmen, aber ihre Liebe, ihr offenes Wesen wärmt uns innerlich. Und wenn unser Schmerz zu groß wird, dann können wir einander umarmen und uns trösten.

Lasst nun die Arme langsam sinken. Öffnet die Augen.

Nehmt die Kraft und die Gefühle mit, die ich versucht habe, Euch hier zu vermitteln. Nehmt den Schmerz in Euch an, aber vergesst nicht, dass Ihr Arme habt, dass Ihr eine Verbindung zur Umwelt habt, die über die Trauer hinweg die Verbindung zum Leben schafft.

Zum Abschied vom Grab wollen wir nun jeder den Menschen neben uns, dem Menschen rechts und dem Menschen links, die Hand geben oder ihn umarmen.

Ich wünsche Euch allen einen guten Nachhauseweg.

Alternative Gedanken können sein: das Vertikale und Horizontale als Gegensatz, der sich durch das Leben des Verstorbenen zog. Als Spannung, die ein Leben, eine Landschaft oder ein Kunstwerk erst interessant macht. Als Symbol für Yin und Yang, für innerlich und äußerlich, für passiv und aktiv. Letztlich aber nie nur der Gegensatz, sondern die Verbindung zwischen den Gegensätzen.

Ein Vogelhäuschen auf dem Grab

Auf die dauerhafte Grabgestaltung gehe ich in diesem Buch nicht ein. Nur ein Hinweis: Informieren Sie sich vor dem Besuch beim Steinmetz oder Künstler, was die Friedhofsordnung vorschreibt. Das mag Ihnen als Einschränkung Ihrer persönlichen Wünsche erscheinen, aber es spart Ärger und Energie, wenn Sie vorher den Rahmen des Möglichen kennen und ihn dann möglichst kreativ ausfüllen.

In dem empfehlenswerten Buch »Der Trauer eine Heimat geben« berichten die Autoren Sabine Bode und Fritz Roth von einem Vogelhäuschen, das Eltern im ersten Winter auf das Grab ihres Kindes stellten, das an plötzlichem Kindstod gestorben war. Die ein- und ausfliegenden Vögel erinnerten die Eltern an kostbare Momente mit ihrem Kind.

Mit diesem Beispiel will ich Sie ermutigen, Ihre eigene Ausdrucksform zu finden, das Grab so zu gestalten, wie es Ihnen gut tut, und dabei Elemente einzubinden, die Sie an Ihr Kind, an Ihren Partner, an Ihre Eltern erinnern.

Gedenkfeiern

Vierzig Tage danach

Etwa vierzig Tage nach dem Tod finden in vielen Kulturen auf der ganzen Erde traditionelle Rituale statt, meist in Form eines großen Mahles oder Festes, bei dem sich die Trauernden treffen. In der kirchlichen Tradition ist es das Sechs-Wochen-Amt, nach dem tibetischen Totenbuch verlässt der Verstorbene nach 40 Tagen endgültig die Lebenden, in Nigeria wird nach 40 Tagen ein großes Fest gefeiert, im Oberdeutschen gab es den Dreißiger: Bis zum 30. Tag weilte der Verstorbene noch unter den Lebenden und war für die Bitten der Lebenden erreichbar.

Etwa sechs Wochen sind auch oft die Dauer, die in unserer schnelllebigen Zeit Trauernden zugestanden wird, bis sie »wieder normal« sind: Dann sollen sie wieder funktionieren, wieder volle Leistung in der Arbeit bringen, nicht immer von dem Verstorbenen reden, nicht immer so traurig »in der Ecke« sitzen. Dann mehren sich Sprüche wie »Komm, ist schon wieder gut.«, »Komm, jetzt hast du genug getrauert«. Auffällig ist, dass Trauernde immer wieder berichten, dass sie diesen gefühllosen Sprüchen und vermeintlichen Aufmunterungen so ungefähr nach sechs Wochen ausgesetzt sind.

40 Tage scheinen also eine Schwelle zu sein, an der sich etwas verändert. Deshalb sollten sich Trauernde nach dieser ersten Etappe noch einmal zusammenfinden, um Abschied zu nehmen und sich in ihrer Trauer gegenseitig zu stützen.

Wenn Sie eine große öffentliche Trauerfeier veranstaltet haben, wird die 40-Tage-Gedenkfeier vermutlich nicht im ganz großen Kreis stattfinden. Die 40-Tages-Feier kann dazu dienen, sich erneut der tröstenden und helfenden Gemeinschaft der anderen zu versichern.

Umgekehrt kann eine große 40-Tage-Feier sinnvoll sein, wenn Sie jetzt noch etwas nachholen wollen, was Sie unmittelbar nach dem Tod nicht geschafft haben: War die Zeit so kurz, dass Sie Menschen vergessen haben, dass manche nicht kommen konnten, weil sie weit entfernt wohnen? Fehlt Ihnen nach der Bestattung im engsten Familienkreis die tröstende Verbindung zu Freunden und Bekannten? Hat Ihnen bei der Trauerfeier etwas gefehlt? Immer wieder höre und lese ich, dass Trauernde sich erst in den Wochen nach der Bestattung schmerzlich bewusst werden, dass ihnen die Feier keinen Raum für persönlichen Ausdruck, für Trauer und Abschied ließ. Scheuen Sie sich nicht, das nachzuholen, nach 40 Tagen, nach einem halben, nach einem Jahr, irgendwann, wenn es Ihnen ein Bedürfnis ist.

Viele in diesem Buch beschriebene Rituale eignen sich auch für Gedenkfeiern. Vor allem die etwas aufwendigeren Formen, zum Beispiel einen Baum pflanzen, die eine gewisse Vorbereitung erfordern, sind speziell für diese späteren Feiern geeignet.

Eine ganz praktische Frage, die Sie nicht aus Scham übergehen sollten, ist die finanzielle Seite. Die wenigsten können sich nur wenige Wochen nach der Trauerfeier eine zweite ausführliche Bewirtung leisten. Auf ein gemeinsames Essen oder Kaffee und Kuchen im Anschluss an die Feier sollten Sie aber möglichst nicht verzichten. Scheuen Sie sich nicht, die Eingeladenen darum zu bitten, dass sie ihr Essen selbst bezahlen oder einen Beitrag dazu leisten. Weisen Sie bereits bei der Einladung darauf hin. Wer dafür kein Verständnis hat, auf den können Sie auch verzichten.

Labyrinth – der Weg zur Mitte

Gut geeignet für Gedenkfeiern ist ein Labyrinth. Das Labyrinth ist ein uraltes Symbol, eine kultische Form, die es seit Menschengedenken auf allen Erdteilen gibt. Um hier einem Missverständnis vorzubeugen: Ein Labyrinth ist *kein* Irrgarten, durch den man sich den Weg suchen muss, der aus vielen Sackgassen besteht. Ein Labyrinth ist *ein* verschlungener Weg zur Mitte. Der Weg ist lang, immer wieder steht man an Wendepunkten, muss wieder zurück, und wenn man meint, man sei der Mitte schon ganz nahe gekommen, führt einen der Weg wieder ganz weit weg. Aber irgendwann kommt man zur Mitte, zum Kern, ins Innerste. Es gibt nur diesen einen Weg.

Der Weg in ein Labyrinth ist auch ein Weg in die eigene Mitte. Wer sich auf den Weg macht, verlässt die Außenwelt, wird vom Labyrinth eingeschlossen. Sie sind auf sich allein gestellt mit all Ihren Fragen, Unsicherheiten und der Trauer.

Die Mitte des Labyrinths ist nicht das Ziel, sie ist der Punkt der Umkehr. Der Weg in das Labyrinth hinein ist der Todesweg, der Weg heraus symbolisiert die (Wieder-)Geburt. Für eine Gedenkfeier ist er zu interpretieren als der Weg zum Verstorbenen und zu den Lebenden zurück. Es ist der Weg, den Trauernde im Lauf ihrer Trauer zahllose Male machen: Sie erinnern sich an den Verstorbenen, fühlen ihn ganz nah, hören oder sehen ihn sogar, aber sie dürfen, sie können nicht dort bleiben, sondern müssen umkehren und ins Leben zurückkehren.

Das Begehen eines Labyrinths ist hilfreich in Zeiten des Hin- und Hergerissenseins. Wenn Sie eine Gedenkfeier damit gestalten wollen, sollten Sie viel Zeit dafür einplanen: Es dauert, bis jeder den Weg ins Labyrinth und wieder zurück gegangen ist, und es muss auch ein wenig Zeit dafür sein, in der Mitte zu verharren.

In die Tiefe gehen
ins Meer meines Selbst
um wieder
aufzutauchen
erneuert
erfrischt
gestärkt
Irene Löffler

Bevor das Labyrinth begangen wird, sollten Sie seine Symbolik erklären. Bei einer Gedenkfeier können Sie den Weg zum Verstorbenen, zur Erinnerung damit verdeutlichen, dass jeder ein Erinnerungsstück an den Verstorbenen mitbringt und in der Mitte zurücklässt. Oder jeder schreibt in der Mitte eine Erinnerung/einen Abschiedswunsch auf ein Papier, das er dort in einem Gefäß zurücklässt.

Wenn Sie zur Trauerfeier einen Baum für den Verstorbenen gepflanzt haben, können Sie das Labyrinth um den Baum herum bauen. In der Mitte kann sich jeder dann noch einmal zurückerinnern – an den Abschied, an den Schmerz, an den Verstorbenen. Das alles lässt der Labyrinthbesucher dort am Baum zurück, kehrt um und geht den Weg zurück ins Leben.

Sie können die Mitte des Labyrinths auch so gestalten, dass die Besucher dort etwas empfangen: Stellen Sie zum Beispiel die Totenkerze in die Mitte, jeder bringt eine Kerze mit, zündet sie dort an und trägt mit dem Licht (s)eine Erinnerung an den Verstorbenen ins Leben hinaus. Neben der Kerze kann ein Bild des Verstorbenen stehen.

Ich rate davon ab, die Mitte zu überfrachten, also zum Beispiel dort ein Feuer zu entzünden und ein Feuerritual zusätzlich zu inszenieren. Das ist zu viel, das irritiert, verunklart die Wahrnehmung und reduziert den Erlebenswert des Labyrinths.

Labyrinthbau

Wenn es in Ihrer Region ein begehbares Labyrinth gibt, können Sie das Ritual womöglich dort inszenieren. Stellen Sie aber sicher, dass Sie ungestört sind. Sicherer ist es, ein begehbares Labyrinth an einem geschützten Ort selbst zu bauen.

Das einfachste Labyrinth ist eine Spirale, allerdings fehlen bei der Spirale zwei typische Labyrinthelemente: 180-Grad-Wendungen und der Weg, der schon nahe bei der Mitte ist und dann wieder weg in die Peripherie führt.

Zwei einfache echte Labyrinthpläne finden Sie im Anhang. Sie sind nach dem Buch »Labyrinthe« von Gernot Candolini angefertigt. Dieses Buch enthält umfangreiche praktische Anregungen für den Bau eines Labyrinths.

Als Platzbedarf für ein begehbares Labyrinth sollten Sie pro Umgang einen halben bis einen Meter rechnen, für die Mitte ein bis zwei Meter. Das bedeutet bereits bei einem ganz einfachen Labyrinth eine Fläche von zehn mal zehn Metern. Sie brauchen also einen Ort mit deutlich über 100 Quadratmetern Platz. Das können Säle aller Art sein, aber Labyrinthe lassen sich auch ins Gras mähen, auf Asphalt aufzeichnen, in den Schnee oder Sand pflügen, auf einer Wiese oder einem abgemähten Feld auslegen, im Wald markieren. Machen Sie auf jeden Fall vorher einen Plan und berechnen Sie, je nach Bauart, den Materialbedarf. In der Regel geben Sie die Begrenzungen vor, innerhalb derer man den Weg zur Mitte geht. Sie können diese Wegränder mit Kreide aufmalen (preisgünstig), mit Klebeband aufkleben (leicht entfernbar) oder mit Steinen auslegen, aber dafür brauchen Sie viele Steine. Materialmäßig sind Ihrer Phantasie keine Grenzen gesetzt: Kerzen, Fackeln, Holzscheite, Kartonstreifen, Schnüre, Bänder, Platten (Weg legen), Sand, Sägemehl, Rindenmulch, Sportplatzkreide ... Bei Labyrinthen im Schnee oder Sand und bei gemähten Labyrinthen kennzeichnen Sie nicht die Wegränder, sondern den Weg selbst, auf dem Sie zur Mitte gehen.

Ich empfehle, dass das Labyrinth von einer kleinen Gruppe vor der Feier gebaut wird. Kalkulieren Sie die Bauzeit großzügig. Ideal ist es, wenn Sie das Labyrinth schon am Vortag bauen können. Es ist ein schönes Erlebnis, am nächsten Tag vom fertigen Werk begrüßt zu werden. Labyrinthe haben eine Ausstrahlungskraft, die immer wieder aufs Neue fasziniert.

Je nach Größe des Labyrinths dauert das Begehen seine Zeit. In einer großen Gruppe ist es kaum möglich, die Aufmerksamkeit aller über die gesamte Zeit nur auf das Labyrinth zu richten. Sie können am Rand Getränke vorbereiten, aber noch kein Essen. Insgesamt sollte eine konzentrierte Atmosphäre herrschen, Gespräche sollten so geführt werden, dass der Labyrinthbesucher auf seinem Weg nicht gestört wird. Stellen Sie sicher, dass immer eine Gruppe von Menschen am Ein- und Ausgang die Labyrinthgänger verabschiedet beziehungsweise wieder empfängt.

Wenn Sie die Umgänge des Labyrinths einen Meter breit gebaut haben, können mehrere Menschen gleichzeitig im Labyrinth gehen. Aber sie sollten ihren Weg immer allein machen und nicht mit den anderen sprechen, die sie dort treffen. Es dürfen nur so viele Menschen ins Labyrinth gelassen werden, dass jeder seinen Weg relativ ungestört gehen kann und nicht eine »Kolonne« oder ein Stau in der Mitte entstehen. Ist das Labyrinth ausgelastet, betritt der nächste erst das Labyrinth, wenn ein anderer es verlässt.

Wenn alle im Labyrinth waren, versammeln Sie die ganze Gruppe noch einmal rund um das Labyrinth und lassen jeden seinen Weg in Gedanken nachvollziehen. Wenn die Gruppe nicht zu groß ist, kann jeder von seinen Erfahrungen im Labyrinth berichten: Das erleichtert, gibt Anregungen und verbindet die Teilnehmer, auch über die Feier hinaus. An den Weg ins Labyrinth können sich ein Essen, ein Fest, eine Party anschließen. Ideal ist es, wenn das Labyrinth bestehen bleiben kann, es strahlt Energie aus. Aber auch der gemeinsame Abbau ist ein schönes gemeinschaftliches Erlebnis.

Labyrinthtanz

Eine besondere Form ist der Labyrinthtanz: Alle halten sich an den Händen und tanzen mit einem einfachen Schritt nach einer passenden Musik in die Labyrinthmitte.

Dafür müssen entweder die Umgänge so breit gebaut werden, dass die Kette der Tänzer aneinander vorbeikommt, wenn die einen noch auf dem Weg zur Mitte sind und die anderen schon wieder hinaustanzen. Oder Sie bauen die Mitte so groß, dass alle darin Platz finden. Dann können Sie in der Mitte gemeinsam des Verstorbenen gedenken: einen Text von ihm vorlesen, ein Gedicht vortragen, reihum eine Erinnerung/einen Wunsch für die Zukunft aussprechen. Weitere Ausführungen zum Tanzen finden Sie auf Seite 111 f.

Kochen in memoriam

Essen, ich habe es schon beim Leichenschmaus ausgeführt, ist eine Tätigkeit der Lebenden. Wenn ein Familienmitglied stirbt, hinterlässt es eine Lücke, die oft am Tisch besonders schmerzlich bewusst wird. Das Kochen des Lieblingsessens des Verstorbenen an bestimmten Terminen kann ein Alltagsritual sein, mit dem Sie etwa 40 Tage nach dem Tod beginnen können.

Die italienische Art, gemeinsam zu kochen und zu essen, hat sich inzwischen auch nach Norden ausgebreitet. Wenn Sie im Freundeskreis des Verstorbenen dies pflegten, dann bietet sich das »Kochen in memoriam« an: Freunde treffen sich in Erinnerung an den Verstorbenen, die Menüwahl wird entsprechend abgestimmt, und es wird ein kleines Erinnerungsmoment eingeplant. Das muss nicht spektakulär sein: Ein Anstoßen auf ihn, eine Kerze für ihn, sein Foto an der Stirnseite der Tafel oder ein Strauß seiner Lieblingsblumen.

Ziel des Kochens in memoriam ist nicht ein todtrauriges Mahl, sondern die lebendige Erinnerung, die durch regelmäßiges Wiederholen zum normalen Leben gehört. Wie genüsslich man einen solchen Abend inszenieren kann, das beweist Miss Sophie alljährlich an Silvester auf diversen Fernsehkanälen.

Wichtig ist es, die Trauer zuzulassen und nicht durch Verschweigen zu verdrängen. 40 Tage sind eine gute Zeit, um ein Ritual einzuführen und je nach Bedarf und Aufwand wöchentlich, monatlich oder jährlich zu wiederholen.

Grabstein setzen

Wenn der Grabstein aufgestellt wird, meist sechs bis zwölf Monate nach dem Tod, ist das ein guter Anlass, sich am Grab zu versammeln und mit einer kleinen Gedenkfeier an den Verstorbenen zu erinnern. Nachdem der Grabstein gesetzt ist, muss das Grab neu bepflanzt werden: Auch das können Sie gemeinsam durchführen und mit einer Feier abschließen.

Die frische Erde eignet sich gut, um vor der Bepflanzung ein Symbol aus Steinen zu legen, das für den Verstorbenen Bedeutung hatte und mit ihm verbindet, etwa eine Spirale, seine Initialen, ein magisches Zeichen, Alpha und Omega. Besonders stimmig wird das Ganze, wenn das Symbol auch auf dem Grabstein wieder auftaucht. Bitten Sie alle Eingeladenen, dass sie einige faustgroße Steine mitbringen.

Musterablauf
Die kleine Feier kann folgendermaßen ablaufen:
* Begrüßung
* Erinnerung an den Verstorbenen (Gedicht, Element aus der Trauerfeier, Vermächtnis des Verstorbenen)
* Gedanken zum Grabstein
* Erklärung des Symbols
* Nacheinander legt jeder seine(n) Stein(e) in die (vorgezeichnete) Form.
* Stilles Gedenken an den Verstorbenen
* Abschluss
* Anschließend Spaziergang oder gemeinsames Essen

Ein Jahr später

Der Jahrestag des Todes ist für Angehörige und Freunde besonders schwer zu ertragen. Eine Gedenkfeier an einem besonderen Ort, verbunden mit einem Ritual, kann helfen, diesen schweren Tag zu bewältigen, ohne die Trauer zu verdrängen. Die Jahresfeier mit einem bestimmten Ritual kann zur Tradition werden, denn Trauer endet nicht, sie wandelt sich nur.

Wenn Sie die Trauerfeier oder die 40-Tage-Feier mit einem Ritual gestaltet haben, ist es sinnvoll, bei der Jahresfeier darauf Bezug zu nehmen, also zum Beispiel wieder Kerzen einzubeziehen, den gepflanzten Baum zu besuchen oder wieder ein Labyrinth zu begehen.

Holen Sie sich am Jahrestag Freunde herbei, denen Sie vertrauen und die Sie stützen. Treffen Sie sich mit anderen Angehörigen, die ebenfalls stark trauern, auch wenn jeder seine individuelle Trauer hat und Trauer nicht vergleichbar ist. Auch wenn nach einem Jahr manches wieder so stark schmerzt, als wäre der geliebte Mensch gestern gestorben, sollten Sie sich nicht allein zurückziehen.

Jahresfest
»Es war alles so schön, und wenn Wilfried hinzugekommen wäre, er hätte sich sehr wohl gefühlt auf diesem Fest.«

Mit etwa diesen Worten schilderte mir die bekannte Psychotherapeutin und Buchautorin Irmgard Hülsemann die Stimmung auf dem Sommerfest, das sie mit Freunden genau ein Jahr nach dem Tod von Wilfried Wieck feierte. 30 Jahre hatte sie mit ihm gelebt, und dann starb er überraschend an einem Sommerabend bei einem Spaziergang im Garten. Ein Jahr später war dieser Garten mit Fackeln erleuchtet, es gab zu essen und zu trinken, und Freunde des Verstorbenen gestalteten das Fest mit Musik und Lesungen.

Natürlich gab es auf dem Fest auch stille Momente, und manche Träne durfte fließen, aber mit diesem Beispiel will ich Sie ermuntern, die Jahresfeier so zu gestalten, dass sie Raum gibt für die Erinnerung an den Verstorbenen – und das muss nicht todtraurig sein.

Die Trauer beerdigen

Wenn Sie sich dazu in der Lage fühlen, eignet sich der Jahrestag auch dafür, die Trauer oder zumindest einen Teil der Trauer zu beerdigen. Dies ist ein Ritual für einen vertrauten, kleinen Kreis. Wählen Sie einen Gegenstand, der im vergangenen Jahr seine Bedeutung verändert hat und von dem Sie sich nun trennen wollen, zum Beispiel:

- Das Lesezeichen, das im letzten Buch steckte, das der Verstorbene las – und Sie haben das Buch ganz gelesen.
- Das letzte Kleidungsstück, das Sie gemeinsam eingekauft haben und das Sie nicht zur Kleiderkammer geben konnten.
- Die Urlaubskataloge, die Sie vor dem Tod noch studiert hatten.
- Die alte Straßenkarte, von der er sich nie trennen konnte, obwohl einige Autobahnen darauf fehlten.
- Die angebrochene Flasche Parfum (Lippenstift, Cremedose).

Treffen Sie sich mit der Gruppe am Waldrand, vereinbaren Sie eine Zeit und gehen Sie dann, jeder für sich, in den Wald und suchen sich eine Stelle aus, wo Sie die mitgebrachte Erinnerung begraben. Besonders intensiv ist das Erlebnis, wenn Sie den Weg in den *nächtlichen* Wald machen, mit einer Kerze oder Taschenlampe. Der Wald macht Angst, aber wenn Sie die Angst überwunden haben, kommen Sie gestärkt aus dem Wald heraus.

Tauschen Sie, wenn Bedarf ist, Ihre Gefühle und Erlebnisse aus und heben Sie erst danach den rituellen Kreis auf.

Dies Ritual hat den Vorteil, dass es auch Menschen durchlaufen können, die dem Verstorbenen ganz unterschiedlich nahe standen. Möglicherweise sind sogar einige dabei, die nicht eine Erinnerung an den Verstorbenen beerdigen, sondern sich von etwas anderem trennen: einer Liebe, einer fehlgeschlagenen Idee, einem Arbeitsplatz, einem Lebensabschnitt.

Texte für Trauerfeiern

Texte bekannter oder auch unbekannter Autoren können bei der Trauerfeier Gefühle mit Worten wiedergeben, die Sie selbst vielleicht so schön nicht wählen könnten. Je nach Inhalt und Länge eignen sie sich für den Anfang oder das Ende einer Feier oder einer Rede, für Todesanzeigen und Danksagungen. Über die Textbeispiele in diesem Kapitel hinaus finden Sie deshalb über das ganze Buch verteilt Gedichte und Gedanken, die zu den jeweiligen Abschnitten passen. Für das schnelle Suchen sind sie mit kursiver Schrift hervorgehoben.

Wenn Sie einen Text auswählen, nicht nur aus den nachfolgenden Texten, beschränken Sie Ihre Auswahlkriterien nicht nur auf die Themen Abschied, Tod und Trauer. Die Liebe und das Wesen des Verstorbenen werden es sein, was Ihnen und allen Hinterbliebenen auf lange Sicht bleibt.

Suchen Sie also nach Texten, die eine Eigenschaft, einen Charakterzug des Verstorbenen thematisieren. Prüfen Sie auch humorvolle Texte, wobei selbstredend oberflächlicher Klamauk bei einer Trauerfeier nicht angebracht ist. Allerdings: Wenn der Verstorbene legendär für seine Witze war, warum nicht einen seiner Lieblingswitze zitieren? Sie können das natürlich nicht wie er, aber die Anwesenden werden sich bei Ihren Worten an seine Gesten, seine Aussprache, seine trockene Wortwahl, den Schalk in seinen Augen erinnern.

Wenn der Verstorbene ein belesener Mensch war, hatte er vermutlich auch Lieblingsautoren. Scheuen Sie sich nicht, in *seiner* Bibliothek nach einem passenden Text für die Trauerfeier zu stöbern. Wenn Sie nicht ohnehin Zugang zur Bibliothek haben, bitten Sie die Angehörigen darum. Es wird wenig Gründe geben, Ihnen dies zu verwehren, im Gegenteil: Die Bitte zeigt Ihr ehrliches Interesse, zur Trauerfeier Ihren Teil beizutragen. Die Stunden, die Sie dort inmitten seiner Bücher verbringen, werden vermutlich viele Erinnerungen wecken, schmerzliche Erinnerungen. Versuchen Sie, diese anzunehmen. Das ist Teil Ihres persönlichen Abschiednehmens.

Für eine Trauerfeier eignen sich Märchen, Geschichten oder Gedichte: Sie sind relativ kurz und in sich abgeschlossen. Aber es ist auch möglich, aus einem Roman zu zitieren. Was las der Verstorbene, wenn er noch lesen konnte, zuletzt? Welches Buch lag an seinem Lieblingsplatz, steckte in der Tasche?

Wer einen Text vorträgt, sollte zumindest ein gewisses Talent zum Rezitieren haben, zumal wenn es sich um ein Gedicht handelt. Wenn Sie selbst den Text vortragen, achten Sie auf langsame und deutliche Aussprache. Sie haben Zeit. Wenn Sie sich, versprochen oder verlesen haben: Entschuldigen Sie sich, und lesen Sie die Zeile noch einmal.

Wenn Sie selbst den Text auf keinen Fall vortragen wollen, sprechen Sie mit denen, die die Trauerfeier organisieren, oder halten Sie im Freundes- und Verwandtenkreis Ausschau. Aber stecken Sie auch die Ansprüche nicht zu hoch: Sie wollen keinen Preis gewinnen, Sie wollen den Trauergästen etwas mit auf den Weg geben, was an den Verstorbenen erinnert und die Hinterbliebenen anregt.

Schöne Form

Es ist eine schöne Geste, wenn Sie den Text, den Sie vorgelesen haben, anschließend den nächsten Angehörigen oder Freunden schenken. Schreiben Sie den Text ab, mit Schreibmaschine, mit PC oder am besten mit der Hand: Letzteres ist am persönlichsten, und Sie werden erleben, dass dieses selbst mit der Hand schreiben noch einmal ein ganz anderes Erleben und Verinnerlichen des Textes bedeutet. Wählen Sie einen oder einige schöne Bögen Papier aus, Briefpapiere gibt es heute in großer Auswahl und schönen Qualitäten.

Sie können das Blatt verzieren, mit Ornamenten, mit einer Zeichnung, mit einem Foto – aber betreiben Sie nicht zu viel Aufwand, wenn Ihnen nicht danach ist: Ein mit Füllfederhalter handgeschriebenes Gedicht auf einem stillen weißen Blatt Papier ist vermutlich ehrlicher als ein 0815-Dutzend-Bildchen aus dem Grafikprogramm Ihres PCs.

Geben Sie dem Blatt oder den Blättern Halt: Aus praktischen Gründen, wenn die Feier im Freien stattfindet – dort kann es regnen oder windig sein – und aus ästhetischen Gründen: Ein Gedicht wirkt schon in einem einfachen Wechselrahmen substanzieller. Wenn Sie zwei Seiten haben, können Sie diese in einen einfach gefalteten Karton innen einkleben. Bei mehreren Seiten können Sie mit einfachen Mitteln ein Heft herstellen: Falten Sie große Blätter (Menge nach Bedarf) zur Hälfte, legen Sie sie ineinander, stechen Sie im Falz zwei oder drei Löcher durch alle Papierlagen und ziehen Sie eine Heftschnur hindurch, mit der Sie die Blätter verbinden. Das äußerste Blatt kann ein bisschen größer sein und sollte aus festerem Papier oder Karton bestehen. Bei der Farbe des äußersten Blattes und dem Material der Heftschnur können Sie Ihre Kreativität walten lassen: Schwarzes Tonpapier und dunkelrotes Samtband mit Schleife entsprechen dem traditionellen Stilverständnis im Trauerfall. Betrachten Sie die nachfolgenden Ideen als Anregung für Ihre eigene Kreativität:

- Umschlag aus Karton, mit weißem Lackpapier überzogen und mit weißem Tüll verbunden
- Feste Wellpappe als Umschlag, im Knick getrennt und durch Packpapier wieder verbunden und beweglich gemacht, Sisal- oder Paketschnur
- Karton mit Stoff überzogen als Umschlag, farblich passende Wolle zum Zusammenbinden
- Festes dunkles Papier mit gepressten Blättern und Blüten bekleben und mit (selbstklebender) Klarsichtfolie überziehen, mit Grashalmen verbinden.
- Schmales Ringbuch mit durchsichtigem Deckel, hinter den Sie eine Zeichnung, eine Collage oder ein Foto kleben können. Blätter in Klarsichtfolien einheften

Gedichte

Gedichte eignen sich gut, um bei einer Trauerfeier rezitiert zu werden. Nachfolgend ein recht bekanntes: Herr von Ribbeck auf Ribbeck im Havelland. Mancher von Ihnen musste es wohl auch in der Schule lernen. Bei den Vorbereitungen zu diesem Buch machte mich eine Freundin darauf aufmerksam, wie gut es zu einer Trauerfeier passt.

Herr von Ribbeck auf Ribbeck im Havelland

Herr von Ribbeck auf Ribbeck im Havelland,
Ein Birnbaum in seinem Garten stand,
Und kam die goldene Herbsteszeit
Und die Birnen leuchteten weit und breit,
Da stopfte, wenn's Mittag vom Turme scholl,
Der von Ribbeck sich beide Taschen voll,
Und kam in Pantinen ein Junge daher,
So rief er: »Junge, wiste ne Beer?«
Und kam ein Mädel, so rief er: »Lütt Dirn,
Kumm man röwer, ick hebb ne Birn.«

So ging es viel Jahre, bis lobesam
Der von Ribbeck auf Ribbeck zu sterben kam.
Er fühlte sein Ende. 's war Herbsteszeit,
Wieder lachten die Birnen weit und breit;
Da sagte von Ribbeck: »Ich scheide nun ab.
Legt mir eine Birne mit ins Grab!«
Und drei Tage drauf, aus dem Doppeldachhaus,
Trugen von Ribbeck sie hinaus.
Alle Bauern und Büdner mit Feiergesicht
Sangen »Jesus meine Zuversicht!«
Und die Kinder klagten, das Herze schwer:
»He is dod nu. Wer giwt uns nu ne Beer?«

So klagten die Kinder. Das war nicht recht –
Ach, sie kannten den alten Ribbeck schlecht;
Der neue freilich, der knausert und spart,
Hält Park und Birnbaum strenge verwahrt.
Aber der alte, vorahnend schon
Und voll Misstrauen gegen den eigenen Sohn,
Der wusste genau, was damals er tat,
Als um eine Birn ins Grab er bat;
Und im dritten Jahr aus dem stillen Haus
Ein Birnbaumsprössling sprosst heraus.

Und die Jahre gehen wohl auf und ab,
Längst wölbt sich ein Birnbaum über dem Grab,
Und in der goldenen Herbsteszeit
Leuchtet's wieder weit und breit,
Und kommt ein Jung übern Kirchhof her,
So flüstert's im Baume: »Wiste ne Beer?«
Und kommt ein Mädel, so flüstert's: »Lütt Dirn,
Kumm man röwer, ick gew di ne Birn!«

So spendet Segen noch immer die Hand
Des von Ribbeck auf Ribbeck im Havelland.

Theodor Fontane

Das Schöne an diesem Gedicht sind für mich die vielen kleinen Botschaften, die neben der großen Geschichte erzählt werden: zum Beispiel die Tradition der Grabbeigaben, über die in einem früheren Kapitel bereits geschrieben wurde, und der Respekt vor dem letzten Wunsch des von Ribbeck. Oder der Baum auf dem Grab: Kann er nicht zum Pflanzen eines Baumes anregen? Die damals selbstverständliche Aufbahrung bis zum dritten Tag zu Hause und die Kinder am Grab, die ja selbstverständlich vom Tod mit betroffen sind.

LEBENSLAUF

Hoch auf strebte mein Geist, aber die Liebe zog
schön ihn nieder; das Leid beugt ihn gewaltiger;
So durchlauf ich des Lebens
Bogen und kehre, woher ich kam.

Friedrich Hölderlin

Gestern bin ich ein Baum.
Heute werde ich Wasser sein.
Morgen war ich ein Lied.
Jemand hat sich die Zeit ausgedacht.

Rumjana Zachariev

Da ist ein Land der Lebenden
und ein Land der Toten,
und die Brücke zwischen ihnen
ist die Liebe.

Thornton Wilder

Das einzig Wichtige im Leben ist die Spur an Liebe, die wir hin-
terlassen, wenn wir gehen.

Albert Schweitzer

Die Summe unseres Lebens sind die Stunden,
in denen wir liebten.

Wilhelm Busch

Schöne Tage
Weine nicht, dass sie vorüber,
sondern lächle, dass sie gewesen.

Rabindranath Tagore

Wir wollen nicht trauern darüber,
dass wir ihn verloren haben,
sondern wir wollen dankbar sein,
dass wir ihn gehabt haben,
ja, auch noch besitzen.
Wer im Herzen seiner Lieben lebt,
ist nicht tot, ist nur fern,
und wer heimkehrt zum Herrn,
bleibt in seiner Familie.

Hieronymus

Wenn Ihnen die letzten beiden Zeilen zu religiös sind, können
Sie sie auch weglassen.

*Je schöner und voller die Erinnerung, desto schwerer ist die
  Trennung.
Aber die Dankbarkeit verwandelt die Qual der Erinnerung in
  eine stille Freude.
Man trägt das vergangene Schöne nicht wie einen Stachel,
  sondern wie ein kostbares Geschenk in sich.*

Dietrich Bonhoeffer

Gedichte mit einem zwinkernden Auge sind nicht für jede
Trauerfeier angemessen – es kommt immer auf den Einzelfall
an. Mit solchen Textbeispielen will ich nur darauf hinweisen,
dass inmitten der Trauer auch die Elemente Freude, Liebe, Lachen und Zukunft eine Stimme sein können.

DER TOD UND DAS MÄDCHEN

*Das Mädchen
Vorüber! Ach vorüber!
Geh wilder Knochenmann!
Ich bin noch jung, geh Lieber!
Und rühre mich nicht an.*

*Der Tod:
Gib deine Hand, du schön und zart Gebild!
Bin Freund, und komme nicht, zu strafen.
Sei guten Muts! Ich bin nicht wild,
sollst sanft in meinen Armen schlafen!*

Matthias Claudius

Dies Gedicht gibt es auch in einer Vertonung von Schubert. Es
könnte also gesungen werden, wenn ein Begleitinstrument zur
Verfügung steht. Zum besseren Verständnis des Textes ist es
sinnvoll, ihn zusätzlich zu rezitieren. Als Zitat können Sie auch
nur die zweite Strophe nutzen.

HERBST

Die Blätter fallen, fallen wie von weit,
als welkten in den Himmeln ferne Gärten,
sie fallen mit verneinender Gebärde.
Und in den Nächten fällt die schwere Erde
aus allen Sternen in die Einsamkeit.
Wir alle fallen. Diese Hand da fällt.
Und siehe die andre an: es ist in allen.
Und doch ist einer, welcher dieses Fallen
unendlich sanft in seinen Händen hält.

Rainer Maria Rilke

SCHLUSSSTÜCK

Der Tod ist groß.
Wir sind die Seinen
lachenden Munds.
Wenn wir mitten im Leben meinen,
wagt er zu weinen
mitten in uns.

Rainer Maria Rilke

Gedanken und Erzählungen

Geschichten und Erzählungen eignen sich, wenn sich kein Trauerredner finden lässt, wenn Sie keine Traueransprache wollen, aber auch als Ergänzung zur Trauerrede oder bei einem anderen Anlass.

BÄUME
Von Hermann Hesse

Ein Baum spricht:
Meine Kraft ist das Vertrauen.
Ich weiß nichts von meinen Vätern,
ich weiß nichts von den tausend Kindern,
die in jedem Jahr aus mir entstehen.
Ich vertraue, dass Gott in mir ist.
Aus diesem Vertrauen lebe ich. Wenn wir traurig sind
und das Leben nicht mehr gut ertragen können, dann kann
ein Baum zu uns sprechen: Sei still! Sei still! Sieh mich an!
Leben ist nicht leicht. Leben ist nicht schwer.
Das sind Kindergedanken. Lass Gott in dir reden, so schweigen
sie. Du bangst, weil dich dein Weg von der Mutter und Heimat
wegführt. Aber jeder Schritt und Tag führt dich neu der Mutter
entgegen. Heimat ist nicht da oder dort.
Heimat ist in dir innen, oder nirgends. Wandersehnsucht reißt
mir am Herzen, wenn ich Bäume höre, die abends im Wind rau-
schen. Sie ist nicht Fortlaufenwollen vor dem Leide, wie es
schien. Sie ist Sehnsucht nach Heimat, nach Gedächtnis der
Mutter, nach neuen Gleichnissen des Lebens.
Sie führt
nach
Hause.
Jeder
Weg
führt
nach
Hause,
jeder
Schritt ist
Geburt, jeder
Schritt ist Tod, jedes Grab ist Mutter.

Dieser Text lässt sich, wie Sie sehen, wunderschön »in Form«
schreiben. Der PC macht einem das heutzutage leicht, und
auf diese Weise können Sie auch eigenen Worten und Gedanken die Form eines Baumes, einer Kerze, eines Herzens,
einer Blüte oder eines Kelches geben.

144

Zwei bekannte und beliebte Bücher sind »Hallo Mister Gott, hier spricht Anna« von Fynn und »Der kleine Prinz« von Antoine de Saint-Exupéry. Sie haben Kultstatus, weil ihre Hauptpersonen überirdisch weise sind – und beide sterben. Am Ende der Bücher steht jedoch nicht der Tod, sondern die Erkenntnis und die Zukunft. Lesen Sie darin – Sie werden viele zitierenswerte Gedanken finden.

Die Trauer

Ich habe Ihnen bis hierher viele Anregungen gegeben, wie Sie Ihre Trauer feiern können. Zum Abschluss will ich noch einige Dinge über die Trauer im Allgemeinen sagen: Welche Auswirkungen die Trauer auf Körper, Geist und Seele haben kann. Wie Ruthmarijke Smeding, Fachreferentin im Trauerbereich, den Weg der Trauer erklärt. Wie Sie trauernde Menschen unterstützen können.

Auswirkungen der Trauer

Der Tod eines nahen Menschen verändert das Leben von der einen auf die andere Stunde. Die Betroffenen müssen nicht nur viel Organisatorisches bewältigen und nach der Bestattung mit einer veränderten Alltags- und oft auch finanziellen Situation zurecht kommen, auch ihr Körper, ihr Fühlen und ihr Denken, kurz: Ihr ganzes Wesen kann sich verändern. Diese Veränderung wird zur zusätzlichen Belastung: Freunde ziehen sich irritiert zurück, der Betroffene fragt sich, ob er noch normal ist, hat Angst, verrückt zu werden, setzt sich womöglich unter Druck, »wieder so wie vorher« zu werden, und gesteht sich die Trauer und ihre Auswirkungen nicht zu.

Die folgende Aufzählung von möglichen Äußerungen der Trauer stammt von Norbert Kugler: Der Diakon arbeitet seit Jahren in der Klinikseelsorge und Trauerbegleitung. Die Aufzählung ist ein von Erfahrung und Beobachtung gespeister Versuch, deutlich zu machen, was auf dem Weg von Trauernden geschehen kann, nicht geschehen muss. Jeder Mensch erlebt die Trauer anders.

- Müdigkeit
  Eine andere Müdigkeit, als man sie von früher kennt: zu müde, sich der Welt der Lebenden zuzuwenden.

- Schlafstörungen
Schlimm ist für viele Trauernde die Angst vor der Nacht, vor dem Alleinsein. Sie können unter Schlaflosigkeit, häufigem Aufwachen, nicht mehr Einschlafen können und fehlendem Tiefschlaf leiden.
- Leeregefühl im Magen
- Appetitmangel
Sehr häufig. Die Mahlzeiten haben sich verändert, seit der Verstorbene weg ist. Ein Platz am Tisch ist leer. Man will nicht kochen, muss es aber unter Umständen. Man bringt nichts hinunter. Trinkt nur noch aus der immer gleichen Tasse, isst im Stehen, Geschirr wäre riesiger Aufwand. Man is(s)t allein und probiert neue Essplätze aus. Gekochtes bleibt ungegessen stehen, tagelang.
- Brustbeklemmungen
- Herzrasen
- Die Kehle wie zugeschnürt
- Kurzatmigkeit
- Muskelschwäche
- Unfähigkeit, andere um Hilfe zu bitten
- Leeres Funktionieren ohne Motivation und Begeisterung
- Unfähigkeit, etwas zu erledigen, weder besondere Dinge noch die alltäglichen Handgriffe
- Konzentrationsstörungen
- Wahnvorstellungen
Schritte des Verstorbenen, die Treppe knackst, als ob jemand drauftritt, die Tür fällt ins Schloss, vor dem Fenster geht ein Schatten vorbei.
- Verwirrung
- Überempfindlichkeit
- Desinteresse
- Kontaktverweigerung
- Verändertes Zeitgefühl
- Unverständliche Träume
Träume kann man nicht erzwingen und steuern. Aufschreiben kann helfen, Vorsicht ist bei Traumdeutungen von außen angebracht.
- Suchen, Rufen, lautes Sprechen mit dem Verstorbenen, Entscheidungen mit ihm absprechen und ausdiskutieren.

- Überaktivität
  Etwas tun müssen, weil sonst die Trauer nicht auszuhalten ist.
- Entscheidungsschwierigkeiten
  Trauernde mit Entscheidungsschwierigkeiten sollten sich nicht drängen lassen, wenn es um lang nachwirkende Entscheidungen geht, wenn sie das Gefühl haben, die Tragweite der Entscheidung nicht absehen zu können. Auch beim Verändern der Wohnung (Ehebett, Hobbyraum, Kinderzimmer), dem Wegräumen oder Weggeben der Kleidung und anderer persönlicher Dinge warten, bis die Zeit für Entscheidungen wiederkommt.

Annahmen über die Trauer

Gefühle kommen und gehen, und es ist nahezu unmöglich, sich darauf vorzubereiten und einzustellen. Ein Problem vieler Trauernder ist, dass sie sich anderen nur schwer mitteilen können. Sie fühlen sich nicht verstanden, denn mit dem lieben Angehörigen sind viele gemeinsame Erinnerungen gestorben, die sie nun nie mehr mit jemandem teilen können. Der Kontakt zwischen Trauernden und ihrem Umfeld wird zusätzlich erschwert durch weit verbreitete Vorurteile über die Trauer:

- *Die schlimmste Zeit sind die ersten Wochen.*
  Das mag für Menschen stimmen, die nicht zu den allernächsten Angehörigen gehören, aber die unmittelbar Betroffenen brauchen meist Monate, bis sie das ganze Ausmaß des Verlustes und der Veränderungen realisieren – und dann ist das Umfeld bereits wieder zur Tagesordnung übergegangen.
- *Die Trauer dauert ein Jahr.*
  Es gibt keine allgemeinen Regeln über die Dauer der Trauer, aber: Sie dauert länger, als die meisten, auch die Trauernden selbst, denken.
- *Trauer kann abgearbeitet werden.*
  Das wäre schön, wenn die Trauer irgendwann einfach weg wäre, aber sie geht nicht, sondern der Schmerz wandelt sich. Trauer ist nie zu Ende, aber man lernt, damit zu leben.
- *Die Trauer verläuft in Phasen.*
  Es gibt keine klassischen Phasen, die der Trauernde durchläuft, und dann ist es vorbei. Die Trauer verläuft spiralförmig.

Die Gezeiten der Trauer

Das Trauermodell »Trauer erschließen«, in dem sich ganz viele Trauernde wiederfinden, wurde von der Niederländerin Ruthmarijke Smeding entwickelt. Die international tätige Wissenschaftlerin und Dozentin ist selbst Betroffene, sie begleitet Trauernde, sie sensibilisiert Berufstätige, die mit Sterben, Tod und Trauer zu tun haben, und entwirft entsprechende Ausbildungsprogramme zum Beispiel für Ärzte, Seelsorger, Pflegepersonal und Psychologen. Sie unterscheidet drei Gezeiten der Trauer: Januszeit, Labyrinthzeit und Regenbogenzeit. Wie Gezeiten wiederholen sich diese Zeiten, aber sie sind nicht berechenbar wie Ebbe und Flut. Selbst nach Jahren kann ein winziger Auslöser den Trauernden wieder zurückwerfen und die Tränen fließen lassen: Aber zum Schmerz kommt die Erfahrung, dass er auch wieder vorbeigeht.

Januszeit
Die Januszeit ist benannt nach dem römischen Gott Janus, einem Gott mit zwei Gesichtern: eines nach vorne gewandt, das andere rückwärts. Trauernde in dieser Zeit wissen, sie müssen nach vorne, aber der Kopf, der Blick, die Erinnerung zieht sie immer wieder zurück in die Zeit vor dem Tod. Sie leben heute und leben gleichzeitig in der Vergangenheit, das kann chaotisch werden. »Der Kopf dreht sich«, klagen Betroffene oft. Das Schlimme am Vorwärts: Dort liegen die Einsamkeit, der Schmerz, die Sehnsucht, nur in der Erinnerung ist die Welt heil und erträglich.

Labyrinthzeit
Aber irgendwann kommen ein erster Moment, ein erster Tag, an dem man sagt: So geht es nicht weiter, ich muss leben. Aber das Leben ist nicht wie vorher und das Suchen beginnt: Die Labyrinthzeit. Das Labyrinth (siehe auch Seite 157 f) ist ein äußeres Zeichen für den inneren Weg: ein gewundener, unruhiger, schwerer Weg, aber es ist *kein* Irrweg, es geht immer vorwärts, auch wenn man dabei manche Schleife rückwärts geht. Ein Labyrinth enthält Windungen und Kehrtwendungen, manchmal wähnt man sich nahe am Ziel, an der Mitte, und plötzlich spürt man, wie man sich wieder ganz weit weg bewegt

und nichts dagegen machen kann. Man muss den Weg gehen, aber er fällt schwer und ist so ganz anders als früher.

In dieser Labyrinthzeit warten fünf Aufgaben auf die Trauernden, die sie sich nach und nach erarbeiten:

- Die Trauer und alle ihre Belastungen *aushalten*: Appetitlosigkeit, Schlaflosigkeit und all die Punkte, die ich am Anfang dieses Kapitels aufgezählt habe. Besonders schwer auszuhalten sind die Ratschläge der anderen: Rat-*Schläge*.
- Die Trauer *tragen* lernen, sich darauf einstellen, dass die Veränderung lebenslänglich dauert: Nie mehr Weihnachten mit dem Verstorbenen, all das, was man miteinander erwartete, ist unmöglich geworden. Das »Nie mehr« muss man ertragen lernen.
- Den Verstorbenen *loslassen*, eine sehr schmerzhafte Aufgabe, vielleicht die schwerste. Aber es hilft, sich daran zu halten, was einem geblieben ist: Die Erinnerung an den Verstorbenen und seine Liebe sind nicht weg, und das Sprechen über ihn hilft, den Schmerz des Loslassens zu ertragen.
- Dinge und Handlungen *verwandeln*. Nichts ist nicht mehr wie vorher, und irgendwann muss der Trauernde beginnen, sich darauf einzustellen. Das kann er passiv über sich ergehen lassen oder aktiv gestalten. Jeder Trauernde hat Schwellen, über die er nur ganz schwer geht, Tage, vor denen er große Angst hat. Am Geburtstag des Verstorbenen kann man trotzdem Freunde einladen und sein Lieblingsgericht kochen. Oder die Gestaltung der Weihnachtstage erhält eine neue Form, die den Verstorbenen mit einbezieht.
- Trauernde müssen vieles *neu lernen*. Da sind einerseits die Dinge, die der Verstorbene getan hat: kochen, Getränke besorgen, Freunde anrufen, mit Banken und Versicherungen verhandeln … Andererseits die Dinge, die man früher zu zweit gemacht hat: Gartenarbeit, einkaufen, ins Kino gehen, Urlaub buchen …

Irgendwann hat der Trauernde einen Punkt erreicht, an dem er spürt, dass er mit der absoluten Trauerzeit, mit seinen Aufgaben im Labyrinth abgeschlossen hat. Das heißt nicht, dass die Trauer verschwindet, aber er hat eine Lebensform gefunden, damit umzugehen. Diese Form kann verschieden sein:

- Es besteht kein Bedürfnis mehr, über den Verstorbenen und die Trauer zu sprechen.
- Rituale pflegen, meist gebunden an Gedenktage.
- Die Trauer integrieren, auf den weiteren Weg mitnehmen, zum Beispiel: Kleidung des Verstorbenen tragen oder eine von ihm angefangene Arbeit fertig machen.

Regenbogenzeit

Die Regenbogenzeit ist wie die Natur während eines Regenbogens: Die Sonne scheint, und es regnet – der Trauernde kann sich wieder am Leben freuen, ohne die Trauer zu verneinen. Menschen in der Regenbogenzeit lernen, einerseits traurig, andererseits dankbar zu sein für die gemeinsame Zeit, egal wie lange sie war.

Spiralweg

Die Gezeiten der Trauer – Janus, Labyrinth und Regenbogen – durchschreitet man auf einem Spiralweg: Schwere Momente und der Schmerz kommen immer wieder, aber irgendwann erkennt man sie und weiß, dass sie wieder gehen werden. Man lässt die tiefste Trauer unter sich zurück und lebt überwiegend in der Regenbogenzeit, aber es kommen immer wieder Zeiten, in denen man verzweifelt: »Ich war doch schon viel weiter.«

Trauernde aushalten

Für die meisten Menschen bildet die Beerdigung den Höhepunkt der Trauer, für unmittelbar Betroffene wird es nach der Beerdigung schwieriger: Oft entwickeln sich eine Sehnsucht, ein Heimweh, ein Gefühl, das sie schier auffrisst.

Wer Trauernde verstehen will, muss sich diese Diskrepanz bewusst machen und die Trauernden aushalten, so wie sie sind. Nachfolgend eine Reihe von Punkten, an denen Sie Ihre Haltung gegenüber Trauernden überprüfen können. Diese Punkte sind nicht als Maßnahmenkatalog zu verstehen, den Sie abarbeiten, und dann »ist alles wieder gut«. Es geht um das Aushalten einer zunächst untröstlichen Situation.

- Einfach da sein.
  Zuhören, immer wieder zuhören statt selber reden. Das ei-

gene Gefühl der Unbehaglichkeit, des Nicht-helfen-Könnens aushalten. Eine stille Umarmung hilft oft mehr als viele Worte. Schweigen aushalten.

- Auf vermeintlich tröstende Worte verzichten.
»Das wird schon wieder« ist eine Lüge: Es wird nie mehr so wie vorher, Tote kommen nicht zurück.
- Den Verstorbenen beim Namen nennen, nach ihm fragen.
Viel schlimmer, als von ihm zu reden, ist, ihn totzuschweigen.
- Fragen, wie es dem Trauernden geht.
Wirklich fragen und offen sein für jede Antwort. Manche Trauernde haben schon so viel Unverständnis erfahren, dass sie die Trauer überspielen.
- Die Art der Trauer nicht werten, sondern aushalten.
Die einen stürzen sich in Arbeit, die nächsten grübeln, die dritten fallen von einem Gefühlsausbruch in den nächsten, und nicht selten wird die Trauer verdrängt, weil sie nicht auszuhalten wäre. Die Art der Trauer wechselt bei vielen.
- Die Schwere der Trauer nicht messen und werten.
»Schau, dem geht's doch noch viel schlechter« tröstet nicht, sondern signalisiert: »Stell Dich nicht so an.«
- Dem Trauernden nicht seine eigenen Trauererfahrungen überstülpen.
Trauer ist nicht vergleichbar, nicht einmal bei Geschwistern, die die Mutter, oder bei Eltern, die ein Kind verloren haben. Unterstützend wirkt Mitgefühl.
- Tränen aushalten und den Trauernden spüren lassen, dass seine Tränen gut sind.
Wenn einem danach ist, auch selbst weinen.
- Trauernden ihre Zeit lassen und sie nicht drängen.
Der Trauernde entscheidet, wann er die Mäntel an der Garderobe wegräumt, ob er das Türschild ändert, wie er das Zimmer des Verstorbenen lässt oder umgestaltet.
- Auf den Trauernden zugehen, aber sich nicht aufdrängen.
Auch nach Monaten, nach Jahren noch. »Melde Dich, wenn Du was brauchst« reicht nicht: Trauernde sind manchmal unfähig, sich Hilfe zu holen, denn sie wissen oft nicht, was sie brauchen.
- Anregungen für gemeinsame Aktivitäten geben, aber nach

einer Ablehnung nicht beleidigt zurückziehen, sondern Verständnis zeigen.

Zum Beispiel: Spaziergang, Wanderung, Grab besuchen, Kino, Theater, Konzert, Kneipe, Restaurant, Spieleabend, Einkaufsbummel, Museum, Flohmarkt, Internet surfen, chatten, malen, töpfern, backen, basteln …

• Im Alltag Hilfe anbieten.

Einkaufen, waschen, putzen, aufräumen, Gartenarbeit, warmes Essen kochen oder mitbringen.

• An Jahrestage (Geburtstag, Hochzeitstag, Todestag) denken.

Anrufen, Karte schreiben, Blumen schicken … Auch an Festen wie Weihnachten und Silvester auf Trauernde zugehen, fragen, mit wem sie den Tag verbringen wollen.

• Es ist nie zu spät.

Auch wenn Sie sich monatelang nach der Bestattung nicht gemeldet haben, aber immer mal wieder an den Trauernden denken: Rufen Sie einfach an, schreiben Sie einen Brief oder eine Karte. Dabei ehrlich bleiben, nicht in Klischees flüchten.

Tolerant sein, aushalten und auf sie zugehen – das ist im Umgang mit Trauernden besonders notwendig.

Dies gilt auch für Trauernde untereinander: Achten und respektieren Sie jederzeit, auch bei der Vorbereitung von Trauer- und Gedenkfeiern, die Trauer und die Gefühle der anderen. Aber schützen Sie sich und Ihre engen Angehörigen vor den Erwartungen der weniger Betroffenen.

Anhang

Literatur

betaListe. Sozialführer im Gesundheitswesen von A–Z. Sozialrecht verständlich gemacht. Selbsthilfe-Organisationen sortiert nach Krankheitsbildern. Neu-Isenburg: MediMedia, 2001. ISBN 3-87360-550-3

Bode, Sabine / Roth, Fritz: Der Trauer eine Heimat geben: Für einen lebendigen Umgang mit dem Tod. Bergisch Gladbach: Gustav Lübbe Verlag, 1998. ISBN 3-7858-0919-6

Bührmann, Traude (Hrsg.): Sie ist gegangen: Geschichten vom Abschied für immer. Berlin: Orlanda Frauenverlag, 1997. ISBN 3-929823-46-2

Candolini, Gernot: Labyrinthe. Ein Praxisbuch zum Malen, Bauen, Tanzen, Spielen, Meditieren und Feiern. Augsburg: Pattloch, 1999. ISBN 3-629-00800-3

Daiker, Angelika (Hrsg.): Selig sind die Trauernden: Trauer- und Gedenkgottesdienste. Mit einem Artikel von Ruthmarijke Smeding über Trauer. Ostfildern: Schwabenverlag, 1998. ISBN 3-7966-0924-4

Dippel, Werner: Die Bestattung von Kindern und Jugendlichen. Hamburg: Verlag Dr. Kovac, 1998. (Schriftenreihe THEOS; 23) ISBN 3-86064-762-8

Fynn: Hallo Mister Gott, hier spricht Anna. Frankfurt am Main: Fischer Taschenbuch Verlag. ISBN 2-596-22414-4

Imber-Black, Evan / Roberts, Janine / Whiting, Richard A.: Rituale: Rituale in Familien und Familientherapie. Heidelberg: Carl-Auer-Systeme Verlag, 2001. ISBN 3-89670-201-7

Klever, Peter: Ich zünde eine Kerze für dich an. Mitgehende Gedanken beim Abschied. Lahr: Verlag Ernst Kaufmann, 2000. ISBN 3-7806-2175-4

Lambers, Birgit: Rat und Hilfe für den Trauerfall: Was muss ich wissen, was ist zu tun? München: Kösel, 1999. ISBN 3-466-34413-1

Lothrop, Hannah: Gute Hoffnung, jähes Ende: Fehlgeburt, Totgeburt und Verluste in der frühen Lebenszeit. Begleitung und neue Hoffnung für Eltern. München: Kösel, 1999. ISBN 3-466-34389-5

Merz-Abt, Thomas / Stutz, Pierre: Gottesdienst feiern mit Trauernden. Luzern/Stuttgart: Rex, 1992. ISBN 3-7252-0558-2

Mitford, Jessica: Der Tod als Geschäft. The american Way of Death. Olten, Freiburg/Br.: Walter-Verlag, 1965

Nohl, Werner / Richter, Gerhard: Friedhofskultur und Friedhofsplanung im frühen 21. Jahrhundert – Bestatten, Trauern und Gedenken auf dem Friedhof. Kirchheim/Freising, 2000. ISBN 3-9804604-5-2

Palm, Gerda: Jetzt bist du schon gegangen, Kind: Trauerbegleitung und

154

heilende Rituale mit Eltern früh verstorbener Kinder. München: Don
Bosco, 2001. ISBN 3-7698-1292-1

Pohl, Detlef: Was tun im Trauerfall? Rat und Hilfe für die Angehörigen.
Niedernhausen: Falken Verlag, 2000. ISBN 3-8086-2589-0

Saint-Exupéry, Antoine de: Der kleine Prinz. Düsseldorf: Karl Rauch
Verlag. ISBN 3-7920-0002-4

Sax, Marjan / Visser, Knaar / Boer, Marjo: Begraben und vergessen. Ein
Begleitbuch zu Tod, Abschied und Bestattung. Berlin: Orlanda Frauenverlag, 1993. ISBN 3-929823-00-4

Schäfer, Rudolf: Der ewige Schlaf. Hamburg, 1989

Specht-Tomann, Monika / Tropper, Doris: Wege aus der Trauer. Stuttgart:
Kreuz Verlag, 2001. ISBN 3-7831-1905-7

Stutz, Pierre: Gottesdienst feiern mit Trauernden: Neue Modelle. Luzern,
Stuttgart: Rex, 1998. ISBN 3-7252-0668-6

Thomas, Carmen: Berührungsängste? Vom Umgang mit der Leiche.
Köln: VGS Verlag, 1994. ISBN 3-8025-1279-0

Weiher, Erhard: Die Religion, die Trauer und der Trost: Seelsorge an den
Grenzen des Lebens. Mainz: Matthias-Grünewald-Verlag, 1999. ISBN
3-7867-2193-9

Wieser Schiestl, Elisabeth / Krolak, Itten, Heidemarie: Trauerpassion:
Leiden und Leidenschaft für das Leben. Braunschweig: Labyrinthver-
lag, 1999

Internet und Adressen

www.aeternitas.de – Verbraucherberatung im Bereich Friedhof und Bestattung, Interessante Broschüren.

www.batf.de – Bundesarbeitsgemeinschaft Trauerfeier, mit vielen Adres-
sen freier Trauerredner und Trauerfeier-Gestalter, darunter auch
Theologen. Telefon 04347/703733.

www.begleitung-eg.de – Begleitung e.G., selbstverwaltetes Bestattungsunternehmen, das sich als Selbsthilfe-Unternehmen versteht. Telefon:
0221/9318490, Raum Köln-Bonn.

www.bestatter.at – Fachverband der Bestattung (Österreich), viele Bestatteradressen, Telefon 0150105-3249.

www.bestatter.ch – Schweizerischer Verband der Bestattungsdienste,
viele Bestatteradressen, Telefon: 031/3330233.

www.bestatter.de – BDB – Bundesverband der Deutschen Bestatter. Telefon: 0211/1600810.

www.bund-freier-bestatter.de – Bund Freier Bestatter Deutschlands,
kleiner, umstrittener Verband. Telefon 0201/687395.

www.chv.org – Christophorus Hospiz Verein München, viele Informationen aus der eigenen Zeitschrift CHV aktuell.

www.die-barke.de – Bundesweit tätige Bestatterinnen, die vor Ort kommen und begleiten, Firmenseite.

www.ewigesleben.de – Vermächtnisse im Internet.

www.freie-bestattungen.de – Orden der Mariaviten in Deutschland,
christlich orientiert, aber nicht an die Amtskirche gebunden.

www.friedhof-und-denkmal.de – Arbeitsgemeinschaft Friedhof und Denkmal, Gestaltung von Gräbern und Friedhöfen.

www.graveyards.com – Englischsprachige Seite mit vielen Links.

www.Hospiz.net – Bundesarbeitsgemeinschaft Hospiz in Deutschland.

www.humanismus.de/hvd/trauer/trauer.htm – Humanistischer Verband Deutschlands, Angebote und Gedanken rund um Tod und Trauerfeier.

www.initiative-regenbogen.de – Tod am Anfang des Lebens, Glücklose Schwangerschaft.

www.lebe-wohl.net – Projekt für eine zukünftige Bestattungskultur in Deutschland, wissenschaftlich-informativ.

www.lolli.de/m-k-f-design/ – Individuelles Sargdesign, Firmenseite.

www.lyrics.de – Songtexte und Gedichte, nach Stichworten suchbar.

www.memoriam.de – Individuelle Gedenkseiten für Verstorbene im Internet.

www.myplan4ever.de – Bestattung in der Natur, Friedwald in Deutschland.

www.naturbestattung.ch – Bestattung in der Natur, Friedwald in der Schweiz.

www.outoftime.de – Viele Informationen und Anregungen.

www.pmjaehde.de – Bildhauer P. M. Jähde, Grabmale, Kunstaktionen.

www.postmortal.de – Enthält unter anderem eine Anleitung, wie man über den Umweg Niederlande an die Asche seiner Verstorbenen herankommt.

www.quarks.de/sterben/03.htm – Text über die rein körperlichen Vorgänge nach dem Tod.

www.requiescat-in-pace.net – Virtueller Friedhof im Internet.

www.rituale-reden.de – Seite der Dipl. Theologin Birgit Janetzky mit Betonung auf Ritualen, auch Tänze, Firmenseite.

www.seebestattungen.de – Reederei, die Seebestattungen im Beisein von Angehörigen durchführt, Hintergrundinformationen, Firmenseite.

www.sepulkralmuseum.de – Arbeitsgemeinschaft Friedhof und Denkmal.

www.thanatologen.de – VDT – Verband Dienstleistender Thanatologen, Kontakte zu geprüften Thanatologen, Telefon 02 51/2 50 45.

www.tod-und-trauer.de – Umfangreiche Informationen und Links rund um Tod und Bestattung, Schwerpunkt Norddeutschland.

www.TrauDichReisen.de – Reiseveranstalterin für Menschen in Lebenskrisen, Firmenseite.

www.trauerakademie.de – Angebot des innovativen Bestatters Fritz Roth aus Bergisch-Gladbach, Firmenseite.

www.uni-duisburg.de/ZMK/schmidt/frame.htm – Totenmasken, Informationen und Hintergründe.

www.vdb-berlin.de – Verband Deutscher Bestattungsunternehmer, Telefon 030/7878228.

Schweizerischer Verband für Feuerbestattung, Telefon: 0041/12163111, keine Internet-Adresse.

Hilfreiche Telefonnummern

Telefonseelsorge, evangelisch: 0800/1110111.
Telefonseelsorge, katholisch: 0800/1110222.
Kinder- und Jugendtelefon des Kinderschutzbundes: 0800/1110333.
Trauertelefon: 0821/3497349 (normaler Telefontarif, eigentlich eine
    regionale Einrichtung, die aber auch überregionale Anrufer betreut).
betafon, Infotelefon für Sozialfragen im Gesundheitswesen:
    01805/2382366, vermittelt unter anderem Kontakte zu Trauer-Selbst-
    hilfegruppen.

Labyrinthplan

Klassisches Labyrinth mit sieben Umgängen

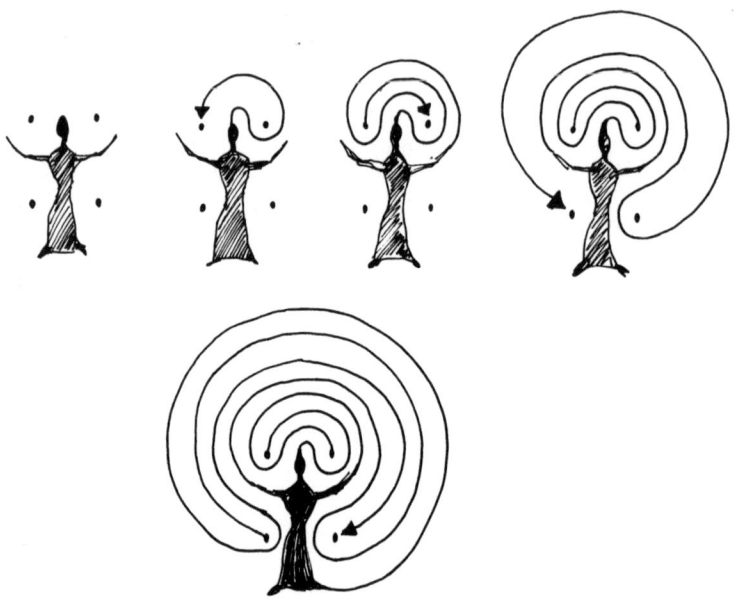

Labyrinth-Tänzerin

Aufbahrungs- und Bestattungsfristen in Deutschland

Bundesland	Überführung in die Leichenhalle spätestens nach [Stunden]	Bestattung frühestens/ spätestens nach [Stunden]
Baden-Württemberg, Hessen, Saarland	36	48/96
Bayern	Keine Frist	48/96
Berlin	36	48/ ...
Brandenburg, Thüringen, Sachsen-Anhalt	24	.../144
Bremen	36	48/frühestmöglich
Hamburg	36	48/336
Mecklenburg-Vorpommern	36	48/...
Niedersachsen	Keine Frist	48/96
Nordrhein-Westfalen	36	48/120
Rheinland-Pfalz	36	48/168
Sachsen	Unverzüglich, spätestens 24	48/120 Erd/ 168 Feuer
Schleswig-Holstein	36	48/216

Die Deutsche Bibliothek – CIP-Einheitsaufnahme
Ein Titeldatensatz für diese Publikation ist bei
Der Deutschen Bibliothek erhältlich.

1   2   3   4   5   06   05   04   03   02

© 2002 Kreuz Verlag GmbH & Co. KG Stuttgart, Zürich
Ein Unternehmen der Verlagsgruppe Dornier
Postfach 80 06 69, 70506 Stuttgart, Tel.: 0711/78 80 30
Sie erreichen uns rund um die Uhr unter www.kreuzverlag.de
Umschlagbild: Städt. Krematorium Treptow,
© Xpress-SV Bilderdienst, München
Umschlaggestaltung: Atelier Reichert, Stuttgart
Satz: de·te·pe, Aalen
Druck und Bindung: Clausen & Bosse, Leck

Die Schreibweise entspricht den Regeln
der neuen Rechtschreibung.

ISBN 3 7831 2148 5